丛书主编　方守贤

院士的故事·圆梦中华

奋斗足迹

科学普及出版社

·北 京·

图书在版编目（CIP）数据

奋斗足迹/方守贤主编. —北京：科学普及出版社，2014.1
（院士的故事·圆梦中华）
ISBN 978-7-110-08367-3

Ⅰ.①奋… Ⅱ.①方… Ⅲ.①院士-生平事迹-中国-现代-青年读物 ②院士-生平事迹-中国-现代-少年读物 Ⅳ. ①K826.1-49

中国版本图书馆 CIP 数据核字（2013）第 244802 号

编辑组长 **颜　实**
编辑组成员 **赵　晖　付万成　李博文　夏凤金　高立波**
(本书内容选编自科学普及出版社出版的《奋斗》)
插图　崔君旺

责任编辑　付万成　赵　晖　夏凤金
责任校对　凌红霞
责任印制　张建农

出版发行　科学普及出版社
地　　址　北京市海淀区中关村南大街 16 号
邮　　编　100081
发行电话　010-62173865
传　　真　010-62179148
投稿电话　010-62103182
网　　址　http://www.cspbooks.com.cn

开　　本　787mm×1092mm　1/16
字　　数　200 千字
印　　张　11.25
印　　数　1—5000 册
版　　次　2014 年 1 月第 1 版
印　　次　2014 年 1 月第 1 次印刷
印　　刷　北京长宁印刷有限公司

书　　号　ISBN 978-7-110-08367-3/K·127
定　　价　30.00 元

目　录

要把科学在中国大地上生根

——记物理学家严济慈

金　涛

一个人要有所成就，必须专心致志，刻苦钻研，甚至要有所牺牲。法国小说家莫泊桑说过："一个人以学术许身，便再没有权利同普通人一样生活法。"

——严济慈

严济慈（1901—1996）

严济慈简介

严济慈（1901—1996），字幕光，浙江东阳县人。1923 年毕业于南京高等师范数理化学部，后赴法国深造。1925 年在巴黎大学理学院毕业，获得教育硕士学位后，在夏里·法布里实验室从事研究，1927 年获法国国家科学博士学位。1928 年再次赴法深造。1931 年回国后，在北平研究院物理研究所任所长、研究员，并兼任镭学研究所所长。此间先后被推选为中国科学社理事、中国物理学会秘书长、理事长、《物理学报》主编，1935 年被选为法国物理学会理事。1945—1946 年，任中央研究院院士。曾作为美国国务院邀请教授去美讲学。

新中国成立后，历任中国科学院办公厅主任兼应用物理研究所所长、东北分院院长、中国科学院数理化部委员兼技术科学部主任、中国科协书记处书记、中国科学院副院长、中国科技大学副校长、研究生院院长，现为全国人民代表大会常务委员会副委员长。

一

1927年，巴黎。

塞纳河从冬眠中苏醒过来了，和煦的春风驱散了一个冬天笼罩在巴黎上空的阴霾，把金色流苏般的艳阳倾泻在巴黎圣母院高耸的钟楼，洒满枫丹白露宫修剪整齐的草坪和松塔，连香榭丽舍大街两旁人行道上的梧桐，不知不觉也悄悄地染上迷蒙的鹅黄色。巴黎人生性好动，似乎像候鸟早已嗅出了春天的信息，他们三五成群，驾着马车，划着小艇，到春水荡漾的塞纳河，到郊外春风扑面的田野，到春光明媚的凡尔赛宫，去寻觅春天女神的足迹……

只有严济慈对这一切似乎全无察觉，他静静地待在依旧被寒冬笼罩的实验室里，埋头探索他醉心的物理世界的奥秘。

眼前实验台上的仪器，那透明晶莹的水晶薄片，那一道道像闪电一般耀眼的光束，都在他的脑海里幻化出一个神奇的世界。他全神贯注在那仪器中闪现的图形里，目不转睛地凝视着，完全忘记了世界上的一切。他的神情使人想起黑夜里仰望星空的天文学家，或者是俯身观察显微镜下微生物的生物学家，窗外的风花雪月，大自然的时序更迭，巴黎的花花世界全然与他无关，他的全部身心都沉浸在科学探索的忘我境界里了。

严济慈是1923年秋赴法国留学的。20年代的巴黎，她那洋溢着自由、平等、博爱的民主气氛，巴黎公社的革命精神和伏尔泰、卢梭、孟德斯鸠倡导的学术传统，在中国青年一代的心目中漾起何等向往的激情。周恩来、蔡和森、李富春、邓小平……这些彪炳近代中国史册的风云人物，在巴黎、里昂、马赛接受了革命的熏陶；徐悲鸿、巴金……这些驰骋文学艺术殿堂的大师，在先贤祠、卢浮宫、塞纳河吸吮过西方文艺复兴的甘美乳汁。而严济慈，这个浙江东阳山区农民的儿子，从遥远的东方来到巴黎，却是寻找另一条人生的道路。他从小目睹中国的贫穷、落后，那几千年沿袭不变的水牛在田野上犁田的耕作，那赤日炎炎下父老脚踏着沉重的水车浇灌禾苗的辛劳，在他幼小的心田留下无法抹去的阴影。然而，更使他焦虑不安的，还是祖国面对列强的洋枪洋炮的威胁，都无还手之力。科学的落伍，实业的凋敝，使我们这个曾经创造了灿烂文明的古国处于日益加深的民族灾难之中。严济慈决定到法国去，到科学昌盛、群星灿烂的巴黎去，那里曾经涌现了笛卡儿、安培、库伦、比埃尔·居里、居里夫人等一大批赫赫有名的科学巨匠，那里孕育了诸如镭放射学等一系列近代科学的新兴学科。他决定去取来科学的火种，播种在祖国的土地上，让科学之光驱散迷信之雾、愚昧之雾，给贫穷落后的大地带来光明和希望。

1923 年 11 月，23 岁的严济慈只身来到法国。在默伦乡村的一所中学，他补习了半年的法语，主要是口语。出国之前，他自修法语，已经会读会写了。几个月后，他雄心勃勃地把目标定在享有盛名的巴黎大学理学院。那时候，巴黎大学分五个学院，即理学院、文学院、法学院、医学院和药学院，其中理学院号称十万学子，入学不用考试。这里弥漫着资产阶级大学强烈的自由空气，课程是公开的，每年 11 月的第一个星期一开学上课，谁有兴趣都可以听。学校不分系，也不分年级，只要手里有中学毕业文凭，把你的名字登记注册，交纳金额不多的注册费，就算跨入了巴黎大学的门槛。然而，在表面自由轻松的氛围中，巴黎大学自有一套严格的考试制度。按照巴黎大学规定，20几门主课，考试通过一门即可得到一张文凭，考取三张文凭即可毕业，获得硕士学位。表面上看来这是相当宽容的，然而由于课程艰深，考试繁难，谋上一张文凭，并不是轻而易举的。

1924 年夏天，严济慈从默伦来到巴黎。巴黎大学一年举行两次考试，一次在夏季，一次在秋季，他来到巴黎大学时正好赶上夏季的考试，虽然他没有在巴黎大学上过一堂课，但是，也许是要和这些名牌大学作一番较量吧，严济慈报名参加高等数学的考试。他并不是碰运气，他的深厚的数学功底使他对这次考试充满信心。果然，考试很顺

利，成绩是优等，他马上考取了巴黎大学的第一张文凭。这也可以算是巴黎大学给他的第一个见面礼吧。

巴黎，这个号称“花都”的西方名城，有令人流连忘返的名胜古迹，有令人销魂的花花世界，有令人赞叹的艺术宫殿，有令人难以抗拒的物质诱惑。严济慈当时住在拉丁区冈姆路的一家小旅馆——伏尔泰旅馆的五层楼上。这里距离巴黎大学很近，走路不过5分钟的路程。严济慈除了从他下榻的旅馆，到教室，到图书馆，到实验室，却连塞纳河的良辰美景是怎般模样，卢浮宫的珍藏是何等辉煌都全然不知。他选择了三门主课：微积分，理论力学，普通物理。他孜孜不倦地钻研、消化、思索、探求，以东方人的顽强毅力，刻苦攻读，摈弃了一切无谓的社交和青年人应该享受的娱乐。

仅仅一年时间，巴黎最迷人的夏季重又来临之际，严济慈信心十足地参加三门主课的考试。他的这一举动是创纪录的。通常巴黎大学的学生一年考取一张文凭，就算很不错了，因为每一门主课的考试必须经过笔试，笔试通过以后，还要进行实验课的考试，考察你的实际操作能力和掌握知识的熟练程度（数学的第二次考试侧重应用题）。因此每次考试的参加者往往有八九百人，经过第一轮的笔试，能够取得第二轮资格的最多不超过二三百人。过了这一关还不算，还有二位学识渊博的教授和考生面对面地进行口试，口试的考题范围更为广泛，要求学生对这一门功课全面掌握，因为教授们的提问常常是即兴的，而且穷追不舍，寻根究底，要想侥幸取胜是难以过关的。再说考生的家长、他（她）们的未婚妻或未婚夫，以及等待口试的其他考生，都在场旁听，考场的气氛对考生也形成无形的压力。

但是，严济慈以他牢固的基础、惊人的记忆力和熟练的知识功底，终于一一顺利通过了三门主课的考试。在进行普通物理的口试时，主考的著名法国物理学家夏里·法布里教授满意地对严济慈说：“先生，你的试卷是最好的一篇。”

严济慈，这个来自中国的留学生的名字，这个从来不被人们注意的衣着朴素、不苟言笑的中国青年，一夜之间，传遍了整个巴黎大学。人们看见公布成绩的红榜上，严济慈一连考取三张文凭，无不认为这是巴黎大学建校以来从未有过的奇迹。一名学生在短短一年就以优异成绩完成大学学业，何况这还是一名来自中国的留学生，简直不可思议！要知道，在半个多世纪以前，西方人何曾把中国人看在眼里。中国，在洋大人的辞典里，不就是落后愚昧的代名词吗。

1925 年夏天，严济慈获得巴黎大学授予的教育硕士学位，结束了他的留学生涯。他写了一封辞意恳切的信给夏里·法布里教授，期望得到这位著名物理学家的进一步指导。很快，夏里·法布里教授给他回了信："我很快要去过暑假了。10 月 × 日，请你到我的实验室找我。"

这封回信决定了严济慈的一生。到了预定的时间，63 岁的夏里·法布里教授在他的办公室里会见了严济慈。当他知道严济慈来法国才一年多时间，就顺利地完成了大学学业，不禁十分吃惊。

"你以前做过研究工作没有?"夏里·法布里教授问。

"没有。我在中国的大学毕业后就来到法国。"严济慈答道。

"这样吧，你可以到我的实验室从事研究工作。"夏里·法布里爽快地说。

早在 1880 年，著名法国物理学家比埃尔·居里和他的哥哥雅克·居里共同发现了晶体压电效应。他还研究了晶体和各种物理现象的因果之间的对称关系，提出了世界公认的居里对称原则。比埃尔·居里发现，水晶片（即石英）加压后两面即可产生正电和负电，这就是晶体压电现象。他还进一步发现，在一定面积的水晶片加诸一定压力，产生的电量是一个常数。反之，如果水晶片的两面加上电场，水晶也将发生缩短或拉长的反应而改变它的厚薄，如同受到压力或拉力一样，这就是晶体压电效应的反现象。比埃尔·居里的老师李普曼认为，从理论上讲，晶体压电效应的正现象和反现象都是客观存在的，而且两个系数应该相等。居里通过实验测定，证明了晶体压电效应的反现象是存在的，但是在数量上却无法测定，难以用数量加以表达。

自从比埃尔·居里提出晶体压电效应以来，各国物理学家纷纷探索水晶片的这一特殊性质的实际应用价值。比埃尔·居里和居里夫人在发现镭放射性时，曾经用水晶片制成一台测量放射量的天平。著名法国物理学家朗之万，在第一次世界大战期间，利用水晶片通电后发出的超声波，作为探测水下障碍物的手段。这一发现后来在测量海底深度及军事上有着广泛的用途。但是晶体压电效应的反现象，如何从实验上测出它的数据，进一步验证它的存在，却一直是未能解决的难题，当时的实验手段在这个科学难题面前似乎还无能为力。

来到夏里·法布里实验室，25 岁的严济慈把这个难题作为他向科学高峰进击的突破口。水晶片两面通电以后，水晶的厚薄改变是微乎其微的，如何测定这微小的数量变化，机械手段当然不行，必须找到一种新的、前所未有的、极其精确的“尺子”。

严济慈被这个难度极大的课题迷住了。他食不知味，身不知寒，像着魔似的苦苦思索着如何解开这个难题。寒冷的巴黎的严冬，实验室的法国科学家们忙着过圣诞节，和家人团聚去了，他仍然待在冷若冰窖的实验室，通宵达旦地试验，不时把头埋在自来水管下冲一冲，好驱散袭来的困意。周末休假，同事们看他孤身一人，盛情邀请他到郊外别墅度周末，他婉言谢绝，仍然在灯下工作到深夜。整整一年时间，他把分分秒秒都用在执着的探索中，除掉不可再减少的睡眠。他把实验室当作自己的家了。

巴黎大学理学院夏里·法布里的实验室为严济慈大开绿灯，为他的研究提供了必要条件。按照常规，实验室下班以后，水电煤气都停止使用，大门的钥匙也由看门人保管，但是对严济慈是例外。他可以随时去取实验室的钥匙，即使夜间做实验，水电和煤气照常供应。连做实验必需的化学药品，感光材料，只要他填一张申报单，马上有人给他送来。

成功，总是伴随着辛勤的劳动、艰苦的探索，正如法国小说家莫泊桑说过的一句名言：“一个人以学术许身，便再没有权利同普通人一样的生活法。”这句至理名言是如此深深铭刻在严济慈的心底，支配了他一生的治学，他一生的道路，至今犹记于心。在探索晶体压电效应的反现象的底蕴时，严济慈终于找到了一把精确无比的尺子，这就是单色光！

神奇的光，无所不在的光，千变万化的光，魔力无边的光，使严济慈在黑暗中见到了光明，指点他探索物质世界奥秘的规律。他用单色光为尺度，测量晶体通电后的体积变化，终于揭示了晶体压电效应的反现象这个不解之谜。

他的论文的题目是《石英在电场下的形变和光学特性变化的实验研究》，比原来夏里·法布里教授给他的题目《石英在电场下的形变》又有了更大的扩展。按规定，法国国家科学博士一级的论文，必须在公开答辩以前一个月，交给学校，由巴黎大学印100本交给有关专家学者审查。严济慈的研究成果能否顺利通过，他能否获得法国国家科学博士学位，就看专家们审查的结果了。

时间在焦急的等待中过去，严济慈每天仍和平时一样在实验室工作，但是他也时时记挂着这件事。一天，夏里·法布里突然把严济慈叫到一旁，和蔼地问：“严，你的论文是否急于发表？可否等一两个礼拜?”

严济慈摸不清导师的话是什么意思，只是讷讷地说：“当然可以……”

夏里·法布里教授似乎很满意严济慈的回答，没有再问什么转身就离开了。

夏里·法布里走开后，一向性格稳健的严济慈急不可待地问同事们：“这是怎么回事?”他把刚才和夏里·法布里的对话原原本本地告诉了他们。

不料，法国同行们就像事先串通了一样，只是报以善意的微笑，谁也没有正面回答。

“你别急嘛！”一位同事走近严济慈，拍了拍他的肩膀，“耐心等

1923年11月，23岁的严济慈只身来到法国……严济慈以他牢固的基础、惊人的记忆力和熟练的知识功底，终于一一顺利通过了三门主课的考试。在进行普通物理的口试时，主考的著名法国物理学家夏里·法布里教授满意地对严济慈说：“先生，你的试卷是最好的一篇。”

着吧，过一两个星期你就会明白的……”

原来夏里·法布里新近当选为法国科学院院士。法国科学院在每个星期一下午举行的院士例会上，照例要宣读论文。就在夏里·法布里教授首次出席法国科学院的例会上，他打算宣读的论文不是自己的研究成果，而是在他的指导下由严济慈发表的这篇论文。这是对严济慈的最高的荣誉，也是对他的研究成果高度的评价。

热烈的掌声，交口称赞的评价，特别是历史悠久的法国科学院第一次宣读一位中国人的论文，使夏里·法布里的就职立即成为轰动巴黎的头条新闻。第二天，打开《巴黎时报》等各大报纸，严济慈的照片和他的导师夏里·法布里并列在醒目地位。实验室的法国科学家纷纷祝贺严济慈，说道：“我们的老师是以你的工作开始他的院士生涯的。”

闻风而来的新闻记者挤破了实验室往日冷冷清清的大门，镁光灯闪烁着，难以应付的提问使严济慈招架不住。

转眼到了这年 6 月，在巴黎大学一间庄严的小礼堂内，严济慈顺利地通过了论文答辩，成为第一个荣获法国国家科学博士的中国人。心情激动的夏里·法布里教授握着严济慈的手说：“你得了博士学位，我很高兴，但是我也很惭愧，因为我不能给您任命……”按法国政府规定，荣获国家科学博士的人将同时得到高等职务头衔的任命，但是这一规定仅仅适用于取得法国国籍的人。

严济慈很感谢夏里·法布里教授，但是他的心早已回到苦难深重的祖国。想到自己当初立下的誓言，要把科学的种子播撒在祖国的大地上，他想，该是回去报效自己的祖国了。

瞬息之间，严济慈荣获法国国家科学博士的消息不胫而走，传遍了海内外。

人们并不熟悉这个陌生的名字，但是却像听到前方将士的胜利捷报，喜上眉梢，奔走相告。是的，多少年来，内忧外患，国势日衰，炎黄子孙的心头蒙上了铅一般的沉重乌云。国家前途安在，民族命运难卜，难道 5000 年的古国就此沉沦，任凭列强恣意宰割，5 万万同胞莫非真如西方人预言的不堪救药，从此一蹶不振?！有血性的中国人是无法接受这般残酷的现实的，然而目睹国是，却又只能令人扼腕神伤，摇头叹息……

就在此刻，严济慈这个中华民族的儿子，以他不屈不挠的毅力，登上了欧洲神圣的科学殿堂。这非同寻常的成功，不啻向一切蔑视中华民族的人庄重宣告：中国是有希望的，中华民族蕴藏的创造力是任何人也无法抹杀的。人们从严济慈的身上，看到了中国的未来，看到了我们民族的希望。

从法国启程返回祖国的途中，发生了一个小小的插曲。一天，严济慈走出船舱，行步来到船尾的甲板凭栏眺望。归心似箭，这些日子，他的心头就像波涛汹涌的大海不能平静。他想念阔别多年的故国，想念日夜望眼欲穿的慈亲，也分外想念热恋中的未婚妻。他恨不能插上翅膀，快快回到朝思暮想的祖国，回到亲人们的身旁，他有多少话要向他们倾诉啊……

突然，一位正在散步的中年人快步朝严济慈走来，眉宇间露出十分惊喜的神情。

“你是……严济慈先生吗?”那位中国人手里拿着画具，目光炯炯地望着沉思中的严济慈。

严济慈回眸微微一笑，当他发现和他搭话的竟是自己的同胞，不禁显得分外高兴，“您怎么认识我?”他反问道。

那人约摸30岁，头发乌黑，眉清目秀，一双聪颖的眸子透出灵秀之气，他见面前的果真是严济慈，高兴地说：“严先生的大名，弟从报上早已久闻，没想到我们还在一条船上，太令人高兴了。”说罢，他取出一份巴黎出版的报纸，那上面印有严济慈的大幅照片，“我是从报上读到先生的消息，先生为国争光，为炎黄子孙争了一口气，令人钦佩之至……”

“敢问先生尊姓大名?”严济慈忙问。

“不敢，弟姓徐，徐悲鸿……”

原来，站在严济慈面前的便是日后名噪艺林的中国艺术大师徐悲鸿先生。为了学贯中西，博采西方文艺复兴以来蓬勃兴起的美术、建筑、雕塑等艺术之长，24 岁的徐悲鸿自 1919 年 3 月赴英国伦敦，法国巴黎、德国柏林等地，拜访名师，观摩欧洲各国博物馆、画廊、美术馆收藏的珍品，潜心钻研西方美术的精髓，于今 8 年光阴如白驹过隙，徐悲鸿踏上了返回祖国的归程。

两位在各自领域为中华民族作出卓越贡献的巨匠，在海天茫茫的大洋上相逢了。他们虽然过去从未谋面，却一见如故，相见恨晚。徐悲鸿毕竟是艺术气质的美术家，想到严济慈以出色的成就震动法国的科学界，不免触动了自己内心深处的爱国热情。他无法用言语表达心中的喜悦，行囊中也拿不出像样的礼物能够略表心意，甚至也买不到一束美丽的鲜花送给初次相识的严济慈，但是，总该有点表示吧，他望着比自己小几岁的严济慈，心中萌动着一种从未有过的亲切之感。

突然，他的目光落在手中的画夹上，“严兄，”徐悲鸿亲切地称呼严济慈，“为了纪念我们邂逅相逢，也为了表达愚弟的一点敬意，我给你画一幅像吧……”

严济慈从徐悲鸿恳切的话语中领会了他的好意，他没有拒绝，便倚着船栏由徐悲鸿作画。很快，徐悲鸿用娴熟的笔触，勾勒出严济慈的头像速写，画家似乎觉得这还不够，又用画笔在旁边题写了四个刚劲有力的字：“科学之光！”至今这幅画仍挂在严济慈的书斋，虽然纸页发黄，但老人却视为珍宝。也正是这次海上的萍水相逢，促成了他们之间情同手足的友谊，尽管他们各自驰骋的天地并不相同，但并不妨碍他们在未来漫长的岁月里，声息相通，过从甚密，成为生死不渝的挚友。

严济慈一踏上国土，立即受到意想不到的热烈欢迎。他是很厌烦社交场面的，也不会应酬来自各方面的包围。船抵上海，严济慈打算立即动身去南京，他的未婚妻此刻正在南京，然后一同回乡省亲。可是这时北伐战争方兴未艾，上海至南京的沪宁线交通中断，于是，他只好在上海耐心等待。

一天，上海的社会名流在一家豪华餐馆为严济慈设宴洗尘。座中的宾客有国民党元老蔡元培、吴稚晖，也有汪兆铭、张静江等知名人士。中法大学和北平研究院的创始人李石曾是从西贡上船和严济慈见过面。这是一次规格相当高的宴会，很可说明国内对严济慈的高度重视。席间，除了应酬的客套之外，大家也在试探严济慈归国后的去向，他有什么考虑。李石曾是李鸿藻之子，早年随清朝公使到法国，法文讲得很流利，又因在法国生活多年，便兴致勃勃地谈起巴黎的见闻，并向大家介绍严济慈在法国取得的成就。

然而，严济慈此刻的心境却不能平静，透过眼前觥筹交错的场面，童年的经历，求学的艰辛，在他的脑海中唤起一幕幕难忘的回忆。他已很久没有想起往事，如今思绪的潮水越过时空，把他带入并不遥远的昔日，带到久别的故乡山水之间。

浙江东阳县的下湖严村，是个仅有30来户人家的小村庄。山明水秀，景色宜人，唯一的美中不足是山多地少。不知从何年何月起，人口日渐繁多，耕地越分越小，因此，东阳人出外谋生的很多，他们凭着自己的木匠、泥水匠手艺，闯荡江湖，流落四方，倒也能够糊口谋生。

1900年（光绪二十五年）阴历十二月初四，严济慈出生在下湖严村一户农民家中。严家世代务农，族谱上十几代居然没有出过一名秀才。到了祖父这一代，家境渐渐宽裕，严济慈的祖父、叔祖父才有机会进蒙馆，读私塾，成为乡里不多的读书人。不过，祖父30多岁赴金华应府学科举考试，染疾死于途中。噩耗传来，严济慈的父亲才11岁。及至到了父亲这一辈，生计日艰，父亲严树培，弟兄三人排行第一，很早便挑起家庭重担。严济慈7岁时，父亲和叔伯分家另立门户，一家6口分得的祖产不过37坪田，按东阳旧制，16坪田合1亩，两亩薄田，何以糊口。幸好祖上在寿塔头这个地方开有一爿中药铺，名

“惠元堂”，后迁到离下湖严村只有三里的后岑山，加上严树培懂一点医道，于是严树培农忙之时下田耕耘除草，天旱时车水灌田，村里有人抓药瞧病，他又是看病的郎中，药铺的掌柜。由于本小利微，入不敷出，严树培每到农闲，便跑到杭州、金华、诸暨等地，做点小本生意，以微薄的收入维持一家低水平的温饱。

严济慈是家里的长子，上有两个姐姐，下有一弟一妹。他的童年是在艰辛的劳作中度过的。还在咿呀学语时，母亲终日呜呜的纺车便是他的催眠曲，等他长到还不及牛高时，他便是村里牧童的一员；随着年龄渐长，他便和所有农民的儿子一样，承担更多更艰巨的劳动，成了父亲最得力的帮手。上山砍柴，下田割禾，耕田播种，没有一样农活他没有干过。贫穷的生活，使他终生深知一粥一饭来之不易；亲身体验中国农民的辛苦，使他永远把自己的心和祖国大地贴在一起。

不过，严济慈毕竟比他的姐妹兄弟更幸运，也比他童年的伙伴更幸运。也许是因为他是长子的缘故，7 岁时，他被送进严家祠堂的蒙馆，开始读书识字，接受启蒙教育了。他的第一位启蒙老师就是他的叔祖父严维伦先生，一位精通诸子百家经典的老学究。父亲的初衷仅仅是让严济慈不当睁眼瞎，将来能写会算，多少可以帮他一把。不料，年幼的严济慈以他过人的聪颖，强烈的求知欲，尤其是他的惊人的记忆力，博得了叔祖父的夸奖。严济慈五、六岁的时候，就在父亲的指导下学打算盘。他天资聪颖，又很好学，很快算盘的加减乘除都不在话下了。

当时，乡村的中药铺子平时都是赊账的，农民看病抓药都记账。到了年底粮食卖了，有了现钱，这才还清欠账。于是到了阴历腊月快近年关时，小药铺的活计非常忙，有人来还账，药铺的伙计也到四乡去索回欠款，这时候小小年纪的严济慈便帮助父亲算账。大约从 9 岁开始，严济慈已经能助父亲一臂之力了。这项工作不仅使父亲能腾出更多的时间从事农活，更重要的是培养了严济慈一丝不苟、认真细心的作风。他对数学的兴趣从这时开始打下了根基。

一次，父亲到杭州去做生意，偶尔从书摊上看见一本《笔算数学》的书，便买回来给了严济慈。这是严济慈有生以来第一次接触到的数学世界的入门。他高兴万分，比父亲给他买任何礼物都满意。当时，村子里谁也没有学过高深的数学，也找不到老师可以开导。于是，严济慈硬着头皮去啃，对一道一道的题反复演算，对每个定理务必弄懂弄通，结果，这本数学入门被他啃了下来。由此，他对数学的兴趣越来越浓了。

1914 年，14 岁的严济慈到县城报考东阳县立中学。考试发榜，严济慈被录取了，他的成绩最优秀。父亲在高兴之余，对他继续升学十分犹豫。上中学的开销更大，家里的经济负担还会加重，这是做父亲的不能不首先想到的。

不过，严济慈的父母毕竟是理解儿子的志向的。他们没有因为家境艰难而动摇，也没有因为眼前利益而不顾儿子的前途，他们决定省吃俭用，也要供严济慈读书。他的母亲和姐姐起五更睡半夜，纺纱织布，也是为了多赚几个钱，好让严济慈安心上学。

严济慈的生活道路就这样决定了。当他告别双亲，离开生他养他的故乡，前往东阳县城的时候，他似乎并没有想到，他迈出了人生的重大一步。他更没有想到，他并不是属于这个闭塞落后的中国农村的一员，在他的前面，是一个广阔无限，令人神往的世界，他将到那个世界去创造，去开拓，为他的祖国，为全人类，贡献他的才智。

当时东阳县立中学的英文教员是傅东华，傅是金华人，毕业于南洋公学，英文底子很好。受傅东华的影响，严济慈在中学时代就打下了很好的英文基础，他订阅上海出版的英文《密勒氏评论报》，经常阅读商务印书馆的《英文月刊》和《英语周刊》，傅东华还鼓励学生们阅读英文原著小说，提高英语阅读能力。当时《英文月刊》经常刊登小测验，严济慈便把自己的答卷投寄杂志社，很快就在下一期登出来了。后来他还用英文写过一些短文，也在这个刊物上发表。

转眼到了 1918 年，严济慈以优异成绩毕业了。他来到省城杭州报考大学，下榻在城隍山麓一个同乡开的公寓里。当时国内的高等学府还不多，在杭州招考的学校有北京、南京、沈阳、武昌、成都、广州的六所高等师范，实行联合招考，由浙江省教育厅出题主持入学考试。严济慈考虑到家庭经济困难，而高等师范不仅不需要交纳学费，而且还供给食宿，便欣然报考了离家最近的南京高等师范。为了等候发榜，他暂住杭州，闲时便到清波街的商务印书馆看书。不久，南京河海工程学校又到浙江招生，严济慈闲着无事又跑去应考。不久，考试揭晓，他不仅同时考上了两所大学，而且名冠全省第一，成为东阳县立中学建校以来第一个考上高等学校的毕业生。他仍然选择了南京高等师范。

这一次，为了严济慈上大学，叔祖父决心卖掉祖产，为意料之外的。1923 年秋，严济慈以第一名的成绩毕业于南京高等师范学校，利用两本书的稿费（《初中算术》和《几何正题法》），赴法国留学。我国早期的许多数学家，几乎都是读了严济慈的两本书跨入数学王国之门。新中国成立后，严济慈有一次遇见著名文艺理论学胡风先生，胡风对严说："我还是您的学生呢。"严济慈感到十分纳闷，"我是在暑期学校听过你的课的。"胡风这样说后，严济慈才恍然大悟。1951 年，毛泽东同志主持召开最高国务会议，严济慈在会上遇见著名历史学家周谷城先生，周谷城和严握手时笑着说："我在读您的书呢……""您这是从何说起，"严济慈以为风趣的周谷城是开玩笑。不料周谷城说："我的儿子很欢喜算学，在读《几何证题法》，文言文看不懂，所以我每天陪伴他，遇到看不懂的文言文，就给他讲解……"

何鲁先生离开南京高师时，特地推荐了著名数学家熊庆来到南京高等师范任教。当严济慈从南京高师以第一名的优异成绩毕业时，何鲁、胡刚履和熊庆来一致鼓励他到法国留学。当时到法国留学是自费的，不过两本书的稿费，暑期学校的酬金，加上何鲁、胡刚履和熊庆来先生的慷慨解囊，严济慈筹足了去法国的川资。1923 年 11 月他终于到达法国，向新的科学高峰登攀了。

三

1928年，刚刚回国一年的严济慈突然辞去待遇甚丰的职务，放弃优裕安定的生活，宣布再赴法国进修。

消息传开，人们好生纳闷。在许多人看来，严济慈已是功成名就，从此可以在国内当一名捧着“金饭碗”的名教授了。不是吗，回国之后，他立即被上海、南京的四所大学聘为教授，这四所大学是大同大学、中国公学、暨南大学和第四中山大学，虽然每周的课时多达27小时，加上学校在两个城市，他不得不像穿梭一样，每两周便往来于沪宁线上，连星期天也不得休息。辛苦是比较辛苦，但收入也相当可观。何况，严济慈当时还不到30岁，国内最高的科学研究机构——中央研究院已正式聘请他当筹备委员，他不必担心没有社会地位和令人羡慕的荣耀。再说，他还有个幸福美满的家庭，他的妻子张宗英女士，是东南大学第一批毕业的女大学生，才貌出众，极其贤惠，他们的第一个孩子也诞生了，给小家庭带来了幸福和欢乐……

他的地位，他的名誉，他的生活，他的前途，是多少人可望而不可即的，可是他为何突然抛弃一切，万里迢迢地又去法国读什么书呢?

在为他举行的欢送会上，好心的朋友们旁敲侧击，企图窥探其中的秘密，不料严济慈微微一笑，态度极为诚恳地说：“我是代替我的儿子去留学的！我希望能把西方的先进科学真正学到手，使科学研究在中国这块土地上生根。这样，到了我的儿子这一辈，他们就无需漂洋过海去留学了。到那时候，我们中国也会有根深叶茂的自然科学了……”

严济慈说时很动感情，听者也闻之动容。他说得多么好啊，要使科学研究在中国这块土地上生根！这是严济慈毕生追求的目标，是他时刻激励自己的力量所在。回国的一年期间，作为一个热爱祖国有着强烈事业心的科学家，他并不安于过去的成就和舒适的生活，而是时刻把目光注视着西方近代物理学日新月异的变化。当时国内现代物理学还刚刚起步，无论是学科的门类，研究的手段，以及实验室的设备，还处于相当落后的状态。严济慈每每想起这些，不能不心忧如焚。他深感要使科学研究在中国这块土地上生根，当务之急是从西方把科学的火种窃来，他愿意甘当这样的窃火者，像普罗米修斯一样。这是发展中国科学事业不可不走的第一步。

在巴黎大学范勃里物理实验室和法国科学院大电磁铁实验室做了两年研究工作，回到祖国，已经是20世纪30年代的第一年了。这次，严济慈没有走海路，而是绕了半个地球，从欧洲取道苏联从西伯利亚大铁路回到祖国的。他第一次来到古都北京，立即爱上了这里古香古色的风貌。那庄严肃穆的城楼和恢宏雄伟的紫禁城，那富有人情味的北京小胡同和晴空中呼啸的鸽哨，在严济慈的心中唤起对古老祖国的万般柔情。他对同行的妻子说："北京挺好的，我们就在这儿住下吧……"

其实，严济慈决心留在北京，不再南下，是经过一番深思熟虑的。

客观上说，当时在北京有北平研究院，院部办公地点设在中南海，北平研究院的负责人已正式邀请严济慈筹建物理研究所和镭学研究所，但是更为重要的是，当时的北京随着政治中心的南移变得分外冷落，许多人都到南京去了，这对严济慈来说恰恰是求之不得的。他需要绝对的安静，需要充裕的时间，需要像在巴黎那样把自己关进实验室里，不受任何干扰，专心致志从事他的研究。因此，从巴黎一到北京，他的第一个念头是，要使科学研究在中国这块土地上生根，他该是行动的时刻了。

当时物理研究所在北京东城的东皇城根（今天科学院半导体所现址），严济慈的家住在弓弦胡同。每天，严济慈早早来到研究所，一头就扎进实验室。为了一心一意搞研究，当时北大、清华聘他兼课，他全都拒绝了。几年前，笔者访问严济慈的妻子张宗英女士，她回忆这一段往事时说："除了吃饭睡觉，他整天都泡在实验室，连两个孩子怎么长大的他都不知道……”张宗英女士说这番话时已经80高龄，但是对50年前的往事记忆犹新。

的确，从1930年定居北京后的七八年间，一直到1939年，这是严济慈一生从事科学研究的重要阶段。这个时期他一共发表了53篇论文，除了两篇在中国物理学报上发表，其余都发表在法、英、美、德等国的权威学术刊物上。他在物理学的许多领域一直走在世界的前列，特别是在实验室条件下对臭氧吸收光谱之研究以及臭氧吸收光的系数之测定，引起了国际物理学界的高度重视，各国气象学家30年来一直利用严济慈测定的系数，作为探测大气中臭氧层变化的依据。一直到20世纪60年代，发现了臭氧吸光系数在不同温度下的变化，这才改用了新的测试方法。我们从严济慈发表的一系列论文可以看出，这是一个学术上丰收的季节，是辛勤耕耘硕果累累的时期。

1932年，严济慈的论文《压力对于照相片感光性之影响》寄往法国，发表于法国科学院周刊第194卷，并由夏里·法布里教授在法国科学院宣读。法国哈瓦斯通讯社为此发了消息。同年，他的论文《臭氧在3050与3400间之吸收光谱》发表于法国科学院周刊第195卷。

1933年，严济慈的论文《照相的压力效应》《压力对于各种单色光照相之影响》《臭氧在2150与3050A间之吸收光谱》分别载于法国照相的科学与实业杂志和法国科学院周刊。

1934年，严济慈发表的论文计有七篇之多，《氖之连续光谱》《氧与臭氧紫外吸光比较》《水晶体被扭起电现象》《柱轴与光轴平行之空心水晶柱之振动》《电场对于铷吸收光谱之影响》《水晶扭电定律》《在电场下锶原子之光谱系》分别载于法国科学院周刊、德国自然科学周刊、英国自然周刊等权威科学杂志。

1935年，他又发表了《水晶体之振动》《水晶柱扭电定律之讨论》《电场对于锶及铷吸收光谱之影响》《锶及铷主线旁之吸收光谱》《压力对于照相片感光性之影响》《电场对于钠吸收光谱之影响》等学术论文，分别载于法国科学院周刊、法国物理与镭学杂志、法国物理学

严济慈的重大贡献还表现在他培养了中国未来一代杰出的科学精英。

会会刊、第九届国防照相学术会会议录。

……

不难看出，这个时期严济慈在物理学的许多领域纵横驰骋，取得了富有开创性的重大成果。半个世纪后的1980年，当严济慈赴法访问时，法国科学院前院长让·库伦在热情的欢迎辞中还提到："我们中的许多人，特别是我们的院士莱蒙德·拉塔尔热特和我本人，都读过或利用过严济慈和钟盛标关于臭氧吸收的出色著作。"

不过，在这个时期，严济慈的重大贡献还表现在他培养了中国未来一代杰出的科学精英。在他发表的一系列论文中，我们可以看到，和他的名字并列署名的一连串姓名，当肘都是他的助手，准确地说，无一不是他的学生，他们都是刚刚迈出大学门槛。他们之中的陆学善、钟盛标、钱临照、翁文波、吴学蔺、方声煊、顾功叙、陈尚义、盛耕雨等，所有这些跟随严济慈从事过科学研究的年轻人，几年后都陆续出国深造，在各自的专业领域作出了卓越贡献，成为我国物理学界的精英。他们的成长，是和严济慈的教诲和具体指导分不开的。此外，从1930年以来，清华大学根据中美、中英、中法庚子赔款委员会选派学生出国留学，物理试题均出自严济慈之手，他从中发现了一批很有才华的青年，为他们及时提供了留学深造的机会。

自从严济慈第一个打开了巴黎实验室的大门，从此我国一批年轻学者纷纷到巴黎从事研究工作。1937年，国际文化合作会议在巴黎召开，作为中国代表，严济慈决定第三次赴法。这次法国之行，除了出席国际文化合作会议，严济慈还将顺便参加他的导师夏里·法布里教授退休的庆祝会。他是夏里·法布里教授指导下的外国学生的代表。但是严济慈还有另一个任务，这就是把他的一名学生送到法国留学。这个学生毕业于清华大学物理系，之后在北平研究院物理研究所当助理员。严济慈推荐他到巴黎大学镭学研究所著名的居里实验室从事研究。这位青年学生就是日后发现"铀的三分裂和四分裂现象"的著名核物理学家钱三强。

严济慈第三次赴法，刚到巴黎一个星期，震撼世界的卢沟桥事变爆发了。国内形势的急剧变化，使身置海外的严济慈忧心忡忡。他密切注视时局的动向，每天打听来自国内的消息，但是打开报纸，消息是令人沮丧的。南京沦陷，武汉告急……贪婪残暴的日本侵略者正在实施吞并中国的罪恶企图，中华民族已经到了最危险的时候。

当时严济慈正在出席国际文化合作会议，当会议转入讨论保存文物古迹时，严济慈走上讲坛，慷慨陈词："请大家注意一个现实问题，此刻，就在我们神圣的会议正在讨论保护各国文物古迹的时候，日本侵略者已经扬言、威胁要轰炸北京。"严济慈郑重指出："北京是闻名于世的千年古都，我提请世界舆论公开谴责日本侵略者这一毁灭文化的罪恶企图……"会议结束，严济慈立即准备回国，这时许多好心的法国科学界的同行都劝严济慈留下，把家属接到法国来。当时他的妻子和几个孩子仍在北京，"你现在回去干什么呢？"他们异口同声地说。

然而严济慈不这样想。当祖国处于生死存亡的时刻，作为一名科学家，他不能袖手旁观，更不能置于抗日战争的烽火之外。他首先是一个中国人，虽然他不一定能够拿起刀枪，到血肉横飞的战场与敌人血战到底，然而他有他的岗位，他可以用自己的知识为抗战效力，他手下有一支科学的生力军，这也是抗击日寇的一支无敌舰队。

想到这，严济慈在法国多一天也待不下去了。他打听到中国的船只，筹措回国的日程，就在这时发生了一件意外的事。一天，侨居法国的李石曾跑来找严济慈，说有一位中共的负责人从莫斯科到巴黎来，要会晤法国著名物理学家朗之万教授，请严济慈帮忙联系。朗之万教授是严济慈的老朋友，1931 年曾到过中国，在北京期间是由严济慈接待的。他在法国的威望很高，是一位活跃的社会活动家。

严济慈立即找到朗之万教授，并安排了中共负责人和他晤面。这位中共负责人便是前来法国宣传中国抗战的吴玉章同志。由于朗之万的大力支持，吴玉章同志在巴黎举行的多次公共集会上，向法国人民宣传了中国正在进行中的抗战事业，揭露了日本帝国主义的侵略面目，增进了中法两国人民的团结和友谊。严济慈也应邀出席了这些集会。

1938 年初，严济慈启程回国，他从巴黎到马赛，中途应里昂天文台台长之邀，参观了该天文台。这时法国一位记者也在场，立即采访了严济慈，请他就中国目前的抗战形势发表看法。严济慈在言谈中表示，中国是绝不会灭亡的，中国人民的抗战是正义的事业，不管战争要持续多久，情况多么险恶，最后的胜利必将属于中国人民。“作为我个人来说，我将和四万万同胞同赴国难。我虽是一介书生，不能到前方出力，但是我要立即回到我的祖国，和千千万万中国的读书人一起，为神圣的抗战奉献我们的绵薄之力……”

次日，《里昂进步报》头版发表的消息，正是严济慈对记者的谈话，只不过这位法国记者在报道中误解了严济慈的意思，声称严济慈将率领大批赴法留学生回国投入抗战云云。

消息传开，严济慈已在回国的船上。关心他的命运的朋友拍来加急电报，提醒他千万不能到上海登岸，因为他的谈话必定会引起日本侵略者的注意，会危及他的安全的。同船的一位安南医生也劝严济慈：“你不能到日本占领的中国土地去，而且你的家在北京也会受到日本人的监视……”

严济慈原定的计划是去上海，现在他不得不改变初衷，到大后方去。于是船抵香港时，他悄悄地上岸，然后辗转从越南河内奔赴云南昆明。这时熊庆来先生在云南大学当校长，一到昆明，严济慈立即找到熊庆来先生，思考再三，他决定在昆明成立北平研究院昆明办事处，继续开展科学研究。

抗战期间，严济慈在昆明把研究工作转向为抗战服务，凡是对抗战有帮助的，他都乐于承当。当时，敌机频频空袭大后方，防空警报器的自动控制系统，遂成为亟待解决的课题。严济慈听说这项课题是关系千百万同胞生命安全的任务，立即接受下来。他带领研究所的科技人员夜以继日地制作石英振荡器供给承担生产防空警报器的无线电

1938 年初，严济慈启程回国……抗战期间，严济慈在昆明把研究工作转向为抗战服务……他带领研究所的科技人员夜以继日地制作石英振荡器供给承担生产防空警报器的无线电厂……这种石英片（即水晶）由于有固定的振动频率，一旦通电，可以带动所有的警报器同时鸣起防空警报。

厂。这种石英片（即水晶）由于有固定的振动频率，一旦通电，可以带动所有的警报器同时鸣起防空警报。此外，他们还制作了500架放大1400倍的显微镜，供给战时救护的医院和学校。由于这项出色的成果，严济慈于1964年获得国家颁发的“胜利勋章”。

*　*　*

新中国刚成立不久的一天，在中国科学院院部一间敞亮整洁的办公室里，中国科学院院长、著名历史学家、诗人郭沫若和严济慈作了一次恳切地推心置腹的交谈。

这两位在各自领域为科学事业作出巨大贡献的学者，面对着新中国科学发展的宏伟蓝图都感到由衷地喜悦。尤其是严济慈，他在近半个世纪的艰苦探索中，为了把科学研究在中国这块土地上生根，不辞劳苦地多次赴西方留学进修，废寝忘食地在设备简陋的实验室辛勤地探索科学的奥秘，而且不遗余力地把一批批有才华的青年送出国门，期望建立一支雄厚的科学研究大军。但是尽管如此，旧中国的黑暗政治和腐败制度，不可能为自然科学的勃兴提供肥沃的土壤，相反，科学遭到摧残，人才遭到压抑，他早年立下的宏愿，只能是难以实现的梦想。正是因为如此，作为中央研究院的院士，国内外著名的物理学家，严济慈在新中国成立前夕从南京远走昆明，然后经香港返回解放区，选择了一条通向光明的道路。

只有到了人民当家做主的新时代，他的梦想终于得以实现。严济慈从心底爱上了新社会，爱上了这个欣欣向荣的新时代。作为一位科学家，他没有其他的奢望，他只想有一个安静的实验室，他要为发展新中国的科学事业作出自己应有的贡献。

但是这一天和郭老的谈话却改变了严济慈的全部生活，甚至可以说是他一生的转折。郭老委婉地向他提出，希望他出任中国科学院办公厅主任，协助他从事中国科学院繁重的管理工作。“这不仅是我个人的意见，也代表了党和人民对您的信任。”郭沫若说。

严济慈在新中国成立之后也曾担任过一些社会职务，像华北人民政府教育委员会的委员、中华全国自然科学工作者代表大会筹委会秘书长，九三学社理事之类，这都是无法推辞的社会工作。但是一旦要他离开实验室，专一从事行政管理工作，他却十分犹豫。

"一个科学家离开他的实验室，他的科学生命就结束了，因此我希望您另觅人选，我也不擅长这方面的工作。"严济慈对郭老说。

"要说不擅此道，我何尝又是当院长的角色呢。"郭沫若以诗人的诙谐继续说。"不过假如能够因此使千万人进入实验室，那么我们的工作还是有价值的，甚至不亚于我们对科学的贡献，你以为如何？"

严济慈默然了，郭沫若所说的"使千万人进入实验室"的话，似乎深深触动了他。新中国的科学事业方兴未艾，确实需要千千万万的有志青年为之献身，为之奋进不息。为了使科学研究在中国这块土地上生根，有许多工作需要从头做起，除了实验室的研究工作，难道不也需要有人从事庞大的科学管理和制定发展科学的蓝图吗？

从这天起，严济慈的科学生涯开始了新的一页。曾经几十年，他出任中国科学院办公厅主任兼应用物理研究所所长。1952—1955 年，他任中国科学院东北分院院长。1955 年，他又回到北京，担任中国科学院数理化部委员兼技术科学部主任，中国科学院副院长，中国科技大学副校长，中国科技大学研究生院院长等职。在新中国科学技术发展的史册上，他付出了辛勤的汗水，留下了光辉的足迹。正如法国著名科学家加斯东·杜普易院士所正确评价的："严济慈先生在中国做了巨大的事业：他是科学研究及其应用第一个规划的主要创造者和实行者。由于他创造热情的激发和特有的工作能力，严济慈先生对物理学、达到这一学科最新领域的发展作出了重大的贡献。"

特别令人感动的是，1958 年中国科技大学成立伊始，为了加快科技人才的培养，已经放下教鞭多年的严济慈重上讲台，兼任该校物理教授。他以渊博的学识，精辟的见解，从物理的基本定律谈起，论述到当前物理学最新的发展趋势，言简意赅，振聋发聩，受到青年学生的热烈欢迎。

"青年时期是人的一生中最宝贵的时期。青年人精力很充沛，思想很活跃，求知的欲望很旺盛，所以青年时期是一个人的黄金时期。我的青年时期是在半殖民地、半封建的旧中国度过的，所以看到你们这些如此年轻的同学能够在新中国，特别是在20世纪80年代做研究生，我是很羡慕、很激动的，几乎要流下眼泪了。你们应该好好珍惜宝贵的青年时期，不要以为来日方长，悠哉游哉，而要抓紧时间努力学习，充实自己。你们现在的一个钟头比起我这样年纪的人的一个钟头，不知道要宝贵多少倍。所以你们一定要珍惜宝贵的时光，努力把自己培养成社会主义革命和建设事业的合格的接班人。

"我们说的研究工作，就是要创新的，研究的结果应该是从未有过，而又能被别人重复的，得到的看法应该是从来没有人提出过，而又能逐渐被别人接受的，完全是自己创造出来的。这就要求有创造的能力。创造，实际上是一个克服困难的过程。你能够克服这个困难，你的这个问题就解决了，你就有新的东西可以得出来了，也就是说你有所创新了。我想不管是搞社会科学还是自然科学都一样，要作研究总会碰到一些困难的，没有困难还要你去研究什么？困难克服得越多，你解决的问题、得到的结果就越重要，你的创新也越大。所以我讲一个人能不能独立地做研究工作，就是讲他有没有克服困难的能力。一个人的能力，就是在不断克服困难中锻炼出来的。每当我们克服了一个困难，自然会感到非常高兴的。自己在研究工作中解决了一个问题，有了一点创新的看法，取得了一点新的成果，那时候自己内心得到的宽慰，绝不是得到什么奖金、奖品或者看到人家在报纸上给你宣扬几句时所能相比的。"

这是1984年严济慈为中国社会科学院研究生院建院五周年发表的热情洋溢的祝辞。这位已届耄耋之年的科学家把发展中国科学事业的希望寄托在新一代年轻人的身上，他是满怀激情地希望20世纪80年代的年轻人超过自己，他也坚信新的一代能够做出超过前人的贡献，无愧于这个美好的时代……

浙江省东阳中学于建校百年之际立起了严济慈塑像，雕塑由东中校友、我国著名雕塑家、长沙雕塑院院长朱惟精设计。

严济慈的贡献

严济慈对物理学贡献卓著，是中国现代物理学研究工作的创始人之一，也是中国光学研究和光学仪器研制工作的奠基人之一。在对石英在电场下的光学性能的改变，对氢、氖、镉、钠、铷的连续光谱、吸收光谱，以及在3050~3400A之间的光的吸收，臭氧的紫外线吸收等课题，都作了深入研究，发表论文50余篇。

人生当架几座桥

——记桥梁专家茅以升

郭梅尼

人生一征途耳，其长百年，我已走过十之七八。回首前尘历历在目。崎岖多于平坦，忽深谷，忽洪涛，幸赖桥梁以渡。桥何名欤？曰：奋斗。

——茅以升

茅以升（1896—1989）

茅以升简介

茅以升（1896—1989），字唐臣，江苏镇江人。土木工程学家、桥梁专家、工程教育家。中国科学院学部委员，全国政协副主席，美国国家工程科学院外籍院士。1916年毕业于唐山工业学校，同年考取清华官费赴美留学。1917年获美国康奈尔大学土木工程硕士学位，1921年获美国加利基理工学院博士学位。1948年被选为南京国立中央研究院数理组院士。

1920年回国后，先后任交通大学唐山学校教授、天津北洋工学院院长、交通大学唐山工程学院院长、杭州钱塘江桥工程处处长等职务。新中国成立后，任北京中国交通大学校长、铁道研究所所长、武汉长江大桥技术顾问委员会主任委员、铁道科学院院长等。

朋友，您架过几座桥？在您的一生中，准备架几座桥？

国内外著名的桥梁专家茅以升，一生架过许许多多的桥，有物质的桥，有精神的桥。

他，就是一座雄伟的大桥。

架起知识的大桥

为了了解茅老的治学精神，笔者专程去拜访了他。老先生坐在书案前的藤椅上，兴奋地和我谈着。我想起他的高龄，不由地问道："坐在藤椅上不累吗？"

"不累，不累，我天天都坐在这儿。"

他的老秘书许宏儒老先生告诉我："每天早上起来，他就往书案前一坐，一天的工作就开始了。几十年都是这样。如果换一个人，这么大年纪了，为啥不放松一些呢？直到现在，他每天还是坚持坐在那儿。多少年总坚持这股劲。现在，他的眼睛不好，不能看书了，他还是没减少这股劲。前些年一家杂志请他题词，他写道：'思维就是活动，端坐就是坚持'。"

我们谈起他一生的理想和追求时，茅老首先给我讲了一个故事：

"这是我一生中最重要的关键问题。我 10 岁那年，叔叔送我一本地图。在中国地图上，我看见台湾地图用墨涂黑了。我问：'为什么台湾要用墨涂了呢？'叔叔说：'台湾是中国的领土，因为我国和日本打仗打输了，被日本人占了。'我当时很气愤，心想，中国的领土为什么被日本人抢占了呢?！一定要把台湾夺回来！后来我看了一些革命的书报，接受了一些革命思想。1912 年，孙中山当选临时大总统，我的同班同学杨杏佛在救国会，要我去南京，和他一起追随中山先生闹革命。当时，我想去，可是母亲不准，说要先有学问再革命。我还是要去。母亲来信说，如离开学校，就不是她的儿子。我因此没去成。但我从此下定决心，一定要学好知识和本领，用知识报效祖国。"

从那时起，茅以升就开始架设自己的知识的大桥。

茅老从小天资聪慧，但他更得益于后天的勤奋刻苦。中学时，祖父教他读古文。祖父先抄录一遍，要他在一旁听讲，规定他在第二天上课前背熟。没想到，祖父刚抄录完，茅以升已能背诵出来。祖父十分赞赏他聪敏过人。茅老对我说：

“其实，我是在锻炼自己的记忆力。”

茅老锻炼记忆力的故事很多，最著名的是他背诵圆周率的故事。1940 年，唐山工程学院迁到贵州平越县，校庆那天，举行游艺会，同学们欢迎茅院长表演个节目。茅老不会唱歌、跳舞，就说：“我表演背圆周率吧。”他一口气背到小数点后一百位，同学们热烈鼓掌，赞叹不已。回忆起这段往事，茅老兴奋地说：“直到现在，我还背得。”

“您的记忆力为什么这么好呢？”我惊叹地问。

“记忆力就是要用，老用就不衰。”

“博学强记，多思多问。勤于实践，勇于创新。”这是茅老对自己治学方法的总结。他既通晓工程和技术，又注重科学理论的研究；他不仅在理工方面有深厚的学识，在文史方面也有很深的造诣。他写的《桥名谈往》《二十四桥》，博古通今，资料丰富而又有说服力。特别是他 1963 年 2 月在《人民日报》上连载的《桥话》，更是难得的文学佳作。毛主席曾对茅老说：“你的《桥话》我看了，写得很好。你不仅是个科学家，而且也是个文学家哩！”

茅老的长女，中国人民大学副教授茅于美深有感慨地说：“父亲的功底很好，他不仅通科学，对文史哲也通。现在有些青年人学理工的不通文史，学文史的不通理工，就是学中国文学的，对外国文学也知之甚少。一些老科学家，很少不通文学的。父亲如果没有很好的文学功底，只会造桥，我想，他不会有现在这样的影响和贡献。”

茅于美道出了茅老架设知识大桥的要领。建桥是讲究处处平衡与和谐的。一座瘸腿、不平衡的桥梁，怎能载车行人平安到达彼岸？更谈不上百载服务于人类了。

“1916 年夏天，我在唐山路矿学堂毕业后，正好赶上北京的清华学校招考10名赴美研究生，由各大学保送毕业生应考。我是唐山保送去的。”茅老回忆着他走过的漫长道路。

“这年9月，我被派到美国康奈尔大学土木工程系学习。来到注册处报到，主任说：‘唐山？这个学校，我从来没听说过’。要我重新考试，合格方能注册。考试后，我的成绩很好，注册处主任高兴地说：‘你的程度很好。唐山学校不错。’在我以后从唐山去的学生，就再不用考试了。”

茅老在一篇文章中写道：“桥也是这样。由于朝夕负荷，风吹浪打，必须材料坚实，结构安全，它才能站得起来，愈站愈稳，它就能长期站下去。”知识的大桥也是同样，也要朝夕负荷，也要经受风吹浪打，没有坚实的基础和结构，是经不住考验的。

“在康奈尔大学学习了一年，我就取得了硕士学位。我的导师——在美国桥梁界负有盛名的贾柯贝教授对我说，你搞桥梁，光靠理论不行，一定要去实习，取得实际经验。”贾柯贝教授介绍茅以升到美国匹兹堡一个桥梁公司去实习。在那里，茅以升先学绘图、设计，又到工厂做了一年半工。金工、木工、油漆工都干过，学习了全部造桥技术。这段时间，他白天在工厂做工，晚上到加理基理工学院读博士研究生。1920年获得加理基理工学院第一个工学博士学位。茅老说：“这段时间虽然非常辛苦，但是，这些实践活动，对我后来能建造钱塘江大桥起了很重要的作用。”是啊，知识的大桥并不仅仅是用书本建造起来的。

茅老注重实践的观点，还反映在他的教育思想上。他按照这个教育思想，培养了一代建桥人才。

“每造一座桥都是一次创新，很少有两座桥是完全一样的。因为自然界是千差万别的。造物质的桥如此，架精神的桥也是一样。”茅老谈着他对创新精神的体会，举了他在教学方法上的尝试。

“当时，一堂课是50分钟，前10分钟由老师提问学生。问到谁，无非是站起来背一通，待到期末考试，仍然暴露出许多问题没弄懂。我针对这种弊端想了一个新方法——学生考先生，让学生提出疑难问题请老师回答。学生提的问题越深，说明他的思考越深。有一次，一个学生提出：‘应力与应变孰先孰后?’当场把我考住了。我给他打了100分，同学们都很惊讶。从此，学生提问题的兴趣更高了，都想提出老师答不出来的问题。这种创造性的学习方法，使学生的学艺程度大大提高了。”

听过茅老的这些故事，仿佛看到了他在探求知识的道路上留下的一串串艰辛的足迹。我感到，茅老不只是在求知学艺，而是在用自己的点点心血，架设起一座知识的大桥，达到自己献身科学、服务人类的理想彼岸。

架起奋斗的大桥

在茅老写的回忆录的扉页上有这样一段话：“人生一征途耳，其长百年，我已走过十之七八。回首前尘历历在目。崎岖多于平坦，忽深谷，忽洪涛，幸赖桥梁以渡。桥何名欤？曰：奋斗。”

“父亲的一生，的确是奋斗的一生。我祖母常说，初到你们茅家，你们穷得连根筷子都没有。也就是说，他的家庭是无法依靠的。在国民党统治时期，他也没有任何凭借和靠山。无论是求学还是在事业上出成就，都是依靠奋斗。”茅于美回忆她父亲的一生时，感叹地对我说。

我和茅老谈起对“奋斗”二字的体会时，他首先告诉我的是：“要相信科学。”他反复重复着：“要相信科学是靠得住的，对科学一定要有信心。”

这番话，是茅老从事科技工作几十年来的深切体会。

“1933 年春天，我正在天津北洋大学教书，当时的浙江省建设厅长曾养甫请我赴杭州，在钱塘江上兴建一座现代化的大桥。”茅老回忆着。

“当时在杭州民间流传一句谚语，叫做‘钱塘江造桥’——一件不可能成功的事。因为钱塘江的潮水和流沙都是别处罕见的。潮水来时，潮头壁立，破坏力量惊人。流沙是极细极轻的沙粒，一遇水冲即被涮走。江底石层上流沙覆盖，深达40多米。所以，杭州人说‘钱塘江无底’。在钱塘江上造桥，人们认为是异想天开，而当时，中国所有的现代化大桥，都是外国人修的。我想，建设厅长曾养甫邀请我来杭州造钱塘江大桥，分明是要我做不可能成功的事。究竟能不能成功呢？经过调查研究之后，我做出一个结论：在有适当的人力、物力的条件下，从科学上看，在钱塘江上造桥是可以成功的。”

多么有胆识的决断啊！茅以升的奋斗精神，是建立在科学的坚定信念上。他相信科学的无比威力，相信科学的力量能征服人世间的一切困难。

“相信科学，还要善于利用科学。”茅老进一步阐明自己的见解。

“1935年，钱塘江大桥正式开工后，曾遭到一个接一个的困难。外面传着闲言碎语，说什么‘这样干下去，哪里会成功？’银行界人士听说后，也想不再支付贷款了。曾养甫当时已调任铁道部次长，把我找去，厉声厉色地对我说：‘如果桥造不成，你得跳钱塘江，我也跟在你后头跳！’母亲听到这些事后对我说：‘唐僧取经，八十一难；唐臣（我的号）造桥，也有八十一难。只要有孙悟空，有他那如意金箍棒，你也同样能渡过难关。’那时的孙悟空就是我们造桥的全体员工，如意金箍棒就是科学里的一条法规：利用自然力量克服自然界的一切障碍。”茅老兴奋地和我谈起怎样用这根科学的金箍棒斗倒八十一难。“开始打桩，因为泥沙层太硬，打轻了下不去，打重了桩就断了。一天一夜只能打3根，全桥9个墩有1440根桩，这样打，要打到那一天啦！后来，我们很好地利用科学，研究出‘射水法’，改进了技术，一昼夜能打30根，难关就渡过去了。”

“关于‘沉箱’的难关就更多了。这个庞然大物，重600吨，要把它浮运到桥址，中间遇个大潮，铁链被切断，沉箱浮起，陷入沙土中，费了大事才拖回桥址；又遇大风雨，沉箱拖带铁链，往下游浮下去，撞坏了轮渡码头。4个月里，沉箱如脱缰的野马，四处乱窜。外面传说，钱塘江真厉害，桥墩站不住，东西乱跑，甚至认为有鬼，要用儿

茅以升设计的钱塘江大桥至今依然屹立着。

童的灵魂去祭江。在这些难关面前，我们还是相信科学的威力，用那根金箍棒，改进了技术，并用10吨重的混凝土大锚代替了铁锚，沉箱就不再乱跑了。”茅老讲到这儿，仰面靠在藤椅上，平息了一下激动的心情。

“还要再说说群众力量问题。1937年抗日战争爆发，8月14日，敌机就来轰炸钱塘江大桥。工人们在这种情况下，不怕牺牲，日夜赶工期，到9月26日通车。这1个月零13天的时间，是抗日战士用鲜血和生命换来的。”

听了茅老的讲话，不觉耳目一新。茅老的“奋”，是建立在对科学的坚定信念上；茅老的“斗”，是依靠群众的力量，挥舞科学的金箍棒，斗垮重重难关。这座奋斗的大桥，帮助茅老跨深谷，渡洪涛，成就了一桩桩有益于人民的大事业。可以说，这座奋斗的大桥，是茅老事业成功的桥梁。

他就是一座雄伟的大桥

茅老在一篇文章中写道："造成的桥，就老待在那里，一声不响地为人民服务。它总是始终如一地完成任务。它不怕负担重，甚至'超重'，只要'典型犹在'，'元气未伤'，就乐于接受。""有时桥还在，但下面的河却改道了，或两头的山崩陷了，连山河都未必能和它相比。"

许宏儒老先生说："这是借说桥，在写他的人生。"

是的，茅老的一生，正像桥一样，不管日里夜里，风里雨里，不管是和平的日子，还是战火纷飞的年代，他都是始终如一地在为人民做贡献。他从光绪年间起，历经了许多个时代。山河变了，河道改了，连山都崩陷了，他依然是一声不响地为人民作贡献。只要"典型犹在"、"元气未伤"，他就乐于奉献。他已 90 高龄，还老有做不完的事。早年，他造了我国第一座自行设计、施工的现代化大桥，晚年又主持研究《中国古桥技术史》。他说："李约瑟写的《中国科学技术史》里面，有古桥的专章。外国人都替我们写了，我们自己还没人写。"

最近，他又组织，搜集了古诗词中关于桥的篇章和诗句，积有卡片几千张，准备以此编写成书。

他时时想着要为人民造桥。他满怀深情地对我说："钱塘江上应该修第二座桥了。现在的钱塘江大桥上，一天走几千辆车，负担太重!"

"我还有一桩心事，就是台湾问题。"茅老继续说："前面，我和你谈到我 10 岁时的心愿。台湾光复后，我在 1946 年曾到台湾去参加过一次学术会议，看到过台湾的迷人景色，还看望了在那里的许多交大、浙大、唐山、北洋的老同学和朋友，我更加热爱台湾了。1955 年我到日本访问，恰好住在下关的'春帆楼'。下关，原名马关，李鸿章签字把台湾割让给日本就是在'春帆楼'。看到李鸿章住的房子，我们的心情很不平静。心想，台湾要能回归大陆该多好啊！”茅老平息了一下激动的心情，接着说：“在台湾，我有很多熟人，他们都很愿意回来。我有条件去做这个工作，我要尽自己最大的努力，去架设连接海峡两岸人民的大桥。这是我在有生之年想要完成的一件大事。”

茅以升不仅是桥梁学家，也是一位教育学家。他曾任天津北洋工学院院长、交通大学唐山工程学院院长、北京中国交通大学校长。他是一座传知识、育人才的桥梁。

早在 20 世纪 30 年代，茅以升就重视并致力于科学普及工作。他著有《钱塘江大桥》《武汉长江大桥》《茅以升科普创作选》等科普专著。数以万计的青少年听过他的科普报告。他是一座向人民传播科技知识的桥梁。

茅老访问过 14 个国家，到世界各国介绍我国科学技术的发展状况。他做的关于武汉长江大桥建造技术的报告，受到东京、罗马、巴黎、伦敦的群众和专家的热烈欢迎。美国工程科学院授予他外籍院士称号。他是沟通中外科学技术的桥梁。

……

茅老以身许国，一生中架设了多少座桥梁啊！我们如能学习茅老一生奋斗不息的架桥的精神，一定能架设起一座通向社会主义现代化的大桥。

热心关怀少年儿童爱科学、学科学、用科学

茅以升晚年主要从事科普宣传，谆谆诱导青少年爱科学、学科学、用科学。1955 年 8 月，来自四川、广东、黑龙江、内蒙古等地 9 ~ 15 岁高小和初中学生在北海公园召开联欢会，并陈列了他们制造的科学工艺展品，表演了电动铲土机、人工降雨器的模型等。茅以升情不自禁地写了《检阅了我们科学大军的后备力量》，赞扬“后生可畏”。他指出科学并不神秘，任何自然的奥秘都是可以揭开的，鼓励孩子们再接再厉地向科学进军！但要攻克科学堡垒必须下定决心，贡献出自己

他鼓励青少年要全面掌握自然科学的基础理论知识，培养钻研精神，努力上进，用科学为人民造福。他提出科学教育要从小开始，不但在课堂，还要在课外，并在日常生活中培养自己爱科学、学科学、用科学。

一生的精力，坚持不懈地前进！他谆谆嘱咐孩子们，要做到占据一个据点，攻而克之，再及其余；要认识到科学是个统一体，其中充满着相互关系。例如要研究生物，也要有物理、化学方面的知识；要解决物理问题时，往往涉及地质和气象；我国经济建设中某些技术问题，需要综合的科学理论去解决。他鼓励青少年要全面掌握自然科学的基础理论知识，培养钻研精神，努力上进，用科学为人民造福。他提出科学教育要从小开始，不但在课堂，还要在课外，并在日常生活中培养自己爱科学、学科学、用科学。作者坚决反对以“科学”为名，给少年儿童灌输非科学的东西，因为幼年误解，就会终身受累。作者通过《从小得到启发》等文章现身说法，讲到童年怎样因看到南京秦淮河赛龙舟时文德桥塌了，便立志要在长大后建造牢固的桥；说自己如何在少年时代受“走马灯”转动原理的启示，开始探索科学之门；他以自己如何在背诵古文中，锻炼了很强的记忆力为例，提倡博闻强记，说记忆力的锻炼，犹如磨刀，越磨越快，不磨不用则锈。

茅以升先生，一生钟情于桥梁、谙熟于“桥经”。对于“桥”的意义所作的理解和引申，达到了出神入化的地步。他曾说：“要说桥，它的含义很广，有物质的桥、精神的桥、友谊的桥。”他还有许多寓意深刻、富于哲理的“桥话”，堪为后世学习的典章，也是他辉煌一生的形象概括。他说：爱国——心路之桥、奋斗——征途之桥、热诚——友谊之桥、科教——兴国之桥、科普——育才之桥。在他的晚年以极大的精力进行科普活动，令后辈人受益和敬佩。

茅以升认为“科学属于人民”。为此，他不遗余力地从事科普活动。他写下了大量科普著作，对他写的《桥话》，毛主席赞扬说：“你写的《桥话》我都看了，写得很好！你不但是科学家，还是个文学家呢!”他写的《没有不能造的桥》一文，荣获新长征优秀科普作品奖一等奖，在科技与人民之间架设了一座知识的桥梁。据统计，从1978—1981年间，这位年逾八旬的老人，先后为孩子们做报告30场，直接听众6万人，还在报刊上发表了200多篇科普文章。1985年，他亲手给中小学生复信30多封，极大地鼓舞了青少年爱科学、学科学的热情，这一切堪为后世楷模。

茅以升的贡献

20世纪30年代，茅以升主持设计并组织修建了钱塘江公路铁路两用大桥，成为中国铁路桥梁史上的一个里程碑，在我国桥梁建设上做出了突出的贡献。茅以升教授著作甚富，主要有《桥梁应次力》《习而学的工程教育》《科学与技术》《钱塘江桥》《武汉长江大桥》《中国古桥与新桥》《茅以升科普创作选》《茅以升文集》等，以及中外报刊上发表的200余篇文章。

追求

——记我国半导体材料科学开拓人之一林兰英

杜明明　柯　克

选定目标　鼓足干劲　贵在坚持　善于钻研

——林兰英

林兰英简介

林兰英（1918—2003）

林兰英（1918—2003），著名的女科学家、教授。中国科协副主席、中国科学院学部委员、中国科学院半导体研究所研究员。

1918年生于福建省莆田市，自幼勤奋好学，1940年毕业于福建协和大学，被聘留校执教，后晋升为讲师。1948年赴美，在宾州大学攻读固体物理，先后获固体物理硕士、博士学位。毕业后在斯彭尼亚专业公司任高级工程师。

1957年毅然返回祖国，在中国科学院应用物理研究所、物理研究所、半导体研究所从事半导体材料研究工作，回国30年来，培养了一支半导体材料专业队伍，为我国半导体材料科学的发展作出重大贡献。

她一连六学年考了十二个第一名

林兰英早已年过花甲，即将跨入古稀之年。她中等身材，健壮硬朗，鬓发已经斑白，但嗓音洪亮，透露着朝气和活力。她具有中国妇女的传统美德：温柔、体贴、忍耐，然而更可贵的是，她还具有中国妇女少有的性格：争强好胜，有一股子闯劲。凭着她的这股子闯劲，她登上了中国科坛的最高殿堂，成为女科学家中的佼佼者——中国科学院 15 位女学部委员中的一位。

1918 年，林兰英诞生在福建省莆田县的一个封建大家庭里。这是一个名副其实的大家庭，祖孙三辈，十多房，80 来口人。林兰英生活在那个封建金字塔的最底层。尽管 1919 年“五四”运动的狂飙席卷了整个中国大地，尽管莆田县是一个历史悠久的文化名城，但是，反封建的浪潮几乎没有动摇过这个大家庭中重男轻女的思想基础。林兰英常说：“我一看到巴金的《家》，就想我自己从前的那个‘家’。妇女在这个家中没有地位，没有发言权，只能像牛马一样地干活”。她被《家》深深地迷住了，她进入了《家》中的角色，仿佛自己就是《家》中的高淑英。高淑英在《家》中是一个坚强的新女性的代表，为了争取求学的权利，她愤然与封建的大家庭决裂，毅然离开了家。林兰英与高淑英的命运是相同的，被剥夺了上学的权利，但不同的是，她并没有离家出走，而是在家中为得到学习的权利进行了艰苦的斗争。

上学读书，对于这个封建家庭中的女孩子来说，是一种奢望。母亲生了两个儿子，5 个女儿。林兰英的 4 个妹妹都送了人，作为长女，林兰英幸存在这个封建牢笼中。她的十几个堂表姊妹，是家中的廉价劳动力，做饭、洗衣服、操持一切家务，闲下来还要做针线活，为家挣钱。相比之下，林兰英是幸福的。她争得了上学的权利，而且奇迹般地从小学、中学，一直念到大学毕业，还漂洋过海获得了博士学位。但是，为了挣得这一份权利，她比别人付出了更大的代价。每天早晨四五点就得起床做七八口人的早饭，放学回家先干家务活，然后挤出时间复习功课，完成学校留下的作业。

“为了上学，我吃尽了苦头。”

谁叫你是女人嘛！这些苦头就是你林兰英该“享受”的权利！她记得初中统一考试时，正是她复习功课最紧张的时刻。可是母亲给了她一把剪子，一盘螺蛳，让她剪螺蛳的尾巴（螺蛳是南方人常吃的一种菜，只有剪去尾巴，才能从螺蛳壳中嘬出螺蛳肉来）。林兰英为了准备考试，只得一边看书，一边剪螺蛳尾巴。母亲嫌她剪得慢，一把夺过她手中的课本扔到天井里。林兰英眼巴巴地看着书泡在地上的积水里，不敢去拣，只是偷偷地流眼泪。

“有一段时间，我很恨自己的母亲，她同样是一个妇女，为什么对我这么狠？”

林兰英的父亲比较开明，但常年在外地工作，很少回家，母亲主宰了她的命运。母亲认为女孩念书没有什么用，不给学费上学。林兰英不知道从哪里来了一股子犟劲，她愤愤不平：“为什么男孩子能上学，女孩子就不能上学？你不让我上，我非上不可！你不给学费，我自己去挣！”她用优异的学习成绩获得了助学金，交了学费。这一下，母亲难不住她了。

在学校中，在社会上，普遍存在着一种观念，认为“男生比女生聪明”。

“男生天生比女生聪明？我不信！”在封建大家庭重男轻女观念的重压下，林兰英对重男轻女的观念产生了一种逆反心理！她偏要用自己出类拔萃的学习成绩证明“女生可以超过男生”。初中时，她考进了一所男生学校——砺青中学，她是全校唯一的女生。每天上学，林兰英要用多大的勇气跨进学校的大门啊！几百双男性的目光射向她：嘲笑、讽刺、蔑视，一齐向她投来。倔犟的林兰英毫不理会，从初中到高中，12 个学期，她一连考了 12 个全班第一名。这一来，把那些男

上学读书，对于这个封建家庭中的女孩子来说，是一种奢望……母亲认为女孩念书没有什么用，不给学费上学。林兰英不知道从哪里来了一股子犟劲，她愤愤不平：“为什么男孩子能上学，女孩子就不能上学？你不让我上，我非上不可！你不给学费，我自己去挣！”她用优异的学习成绩获得了助学金，交了学费。这一下，母亲难不住她了。

生镇住了。

高中，是林兰英成长道路上的一个重要阶段。高中二年级时，班上新来了一位数学老师。他原来是一所大学的教务员，结婚后回到了家乡。他讲课与学校里原来的那些老师不同，从不另啰嗦，而是提纲挈领，简单扼要。就像一个指路人，他只告诉你去目的地的方向，一路上有几个重要的标志，剩下来就靠你自己开动大脑机器，迈开双腿去寻找了。不像旁的老师，亲自拉着你的手，把你带到目的地。

两种不同的教学法，两种不同的反应，两种不同的效果。后一种教法，学生只要跟着老师走，准能到达目的地。前一种教法就不同了。讲三角，一边听课，一边脑子会产生许多问号："为什么公式是这样的?""公式是怎么来的?""原理是什么?"……习惯了走老路的人，现在行不通了，就得开动脑筋，自己去推导公式。在推导公式过程中，会碰到各种各样的难题，经常处于"山重水复疑无路"的困境。这时，有人望而生畏，停步不前；有人誓不罢休，非把公式推导出来不可！林兰英就是属于后一种人。她有一股子闯劲，一股子钻劲。

"推导不出公式，没那回事!"

一次推导不出来就来第二次、第三次，直到推导出来为止。这时，她顿觉豁然开朗，不但记住了公式，更重要的是掌握了推导公式的思路。这是学习中的一把万能金钥匙。考试时，凭着这把金钥匙，再难的数学题，也能把它解开。而那些只懂得死背公式的人，在难题面前碰壁了。因为，他的手中没有一把万能的金钥匙。

高中毕业了！林兰英胜利了！她以优秀的学习成绩证明了："女生并不比男生差，而且可以超过男生!"

年轻的少女是爱幻想的。此时此刻的林兰英在想什么呢？是恋爱？结婚？家庭？还是……林兰英思维的轨迹在一个更高的层次活动。她要为妇女争气！上大学！她如愿以偿考上了福建协和大学数学系，并且在 1940 年以全班最优成绩通过了毕业考试，获得了大学毕业证书。协和大学把她留下来担任助教。在 8 年的教学工作中，先后开过高等数学、普通物理、热力学、光学等课程。尽管她教学的成绩斐然，但是，仍然改变不了妇女受压迫的地位。

多年来，林兰英一直在为妇女的解放而奋斗。她热烈地提倡妇女解放运动，想用自己的力量冲决重男轻女的封建大堤。但是，在旧中国，她的一切努力、奋斗，换来的是无情的打击、轻蔑和歧视，甚至几乎遭到被解聘的可悲命运。林兰英面对如此严峻的现实，清醒了，单靠个人的力量动摇不了这座基础深厚的封建大堤。

“出国！离开这个窒息的地方！”林兰英决定去美国深造，当一名科学家，为中国妇女争荣誉！

她获得了一枚金钥匙

1948年，林兰英考入美国狄金逊大学数学系。

离开了半封建、半殖民地的祖国，来到标榜自由、民主的美国，林兰英并没有摆脱歧视妇女的阴影。在这里同样存在着对妇女的歧视和压迫。她在这个异国土地同样地要为争得妇女的地位而顽强地奋斗！

新的生活，给林兰英带来了新的困难。她讲的英语，发音不准，老师和同学们听不懂；老师的讲课，同学们的谈话，她也似懂非懂。

林兰英感到了新的压力。

在美国社会里，孤独的老人生活最凄凉，没有天伦之乐，缺少人与人之间的交往。他们似乎生活在一个真空世界里，有时，一整天都说不上一句话。他们多么希望能跟人交谈，温暖一下孤独的心灵。

林兰英住的宿舍里就有这么一位老太太，她是管门的。

“她想得到温暖，得到谈话的机会。我不也是需要有谈话的机会吗?”林兰英想到这里，她就找到老人，讲了自己的想法，每天晚饭后与她聊天一个小时。老人一听，高兴极了。她正盼望有个人与自己谈谈家常。从此，每天晚饭后，林兰英就去找老人，老人耐心地纠正林兰英的发音，热情地教她会话，一遍、两遍……不厌其烦。老人的心情，多么希望时间流去得慢一点慢一点，她害怕等待着她的寂寞！可是林兰英不能，等待她的是一大堆需要完成的作业。每次，她总是抱着歉意，抱着感激的心情离开老人的小屋。一个月后，林兰英突破了会话关，她能自如地用英语与老师、同学们流利地对话了。

林兰英多么感谢老人对她的热情帮助啊！而老人呢？她以同样的心情感谢这位中国姑娘，伴她度过了孤独的时光。从此，林兰英与老人建立了深厚的情谊。

在美国攻读博士学位，除了英语外，还要选修两门外语。林兰英选了一门法语，一门德语。她再一次面临新的压力。林兰英从未学过法语，对法语一窍不通。上课时，老师用法语提问，别人都能熟练地用法语回答。轮到林兰英，傻眼了，什么也答不上来。

“这一下可糟了！非不及格不可！”林兰英急得像热锅上的蚂蚁。她找到老师，要求老师用业余时间辅导她。老师想了想，觉得念法语对这位中国女学生实在太难了，于是劝她先不念法语。

“法语难不倒我！”林兰英感谢老师的好意。但她不能听从他的劝告，决心攻下法语。

林兰英有一位女朋友，非常热心，主动提出来帮助她学习法语。她们商定：每星期辅导两次，每次一小时。多么难得的机会啊！多么宝贵的两小时啊！林兰英怎么能轻易放过呢？这是决定她法语能否及格的关键时刻！

两个星期过去了。法语课考试，林兰英居然得了一个“A-”。法语老师十分惊奇，他对林兰英说：“你们中国人真是不可思议。一个多星期以前，你的法语毫无基础，这次考试成绩怎么会这么高呢？”是啊，他怎么能理解这位争强好胜的中国姑娘的心呢？她来美国，就是决心要拿到博士学位回国，她是为中国妇女争气而来的，她心中想的不仅仅是她个人，而是全中国妇女的地位，她决不能给中国妇女丢脸。

在数学王国里，林兰英自由多了，显示出她出众的才华！她的才华引起了埃尔教授的重视。

埃尔教授是狄金逊学院数学系主任，他编著了一本《微积分》，书

中有一批练习题。教授看上了这个好学的中国姑娘，请她给习题作解。

解习题，对林兰英是最拿手的，即使那些最难解的习题，一到林兰英手中，就变得驯服了。

埃尔教授细心地审校着林兰英所解的每一道习题。当他审校完最后一道题时，惊叹不已。他惊叹这位中国女学生对数学习题的敏锐、深刻的洞察力，叹服她解难题的独特的思路和解法。他似乎看到，面前有一颗数学新星正在冉冉升起！正在放射出令人耀眼的光芒！

“林，我要推荐你去芝加哥大学深造。”埃尔教授诚挚地说，“你将获得博士学位。”

教授的赞誉使林兰英感到幸福，她为中国妇女争得了荣誉。

这一年夏天，林兰英获得了美国荣誉学会颁发的一把金钥匙，凭着这把金钥匙，她可以打开美国各地学会的大门，广泛参加学术活动。林兰英又一次为中国妇女争得了荣誉。这个荣誉一般人往往要用4年时间才能获得，而林兰英却只用了一年多的时间。人们夸奖她，祝贺她，老师们期望她，在数学王国里创造出奇迹！

她做出了令人瞠目的抉择

20世纪40年代是当代科学技术出现重大突破的时期，第一颗原子弹的爆炸、第一台电子计算机的诞生、第一只半导体晶体管的出现……都是这个新突破的标志。这些激动人心的突破，创造了大量的物质财富，带来了社会的空前繁荣！

1949年，正是林兰英获得金钥匙的那一年，祖国新生的喜讯传到了大洋彼岸，传到了中国留学生中间，也传到了林兰英的心里。对待这个喜讯，有人欢呼，有人沉思，有人疑惧，有人反对……此时此刻的林兰英对新生的祖国还处于朦胧状态，但是，出国前的一些片断的记忆重又浮现在她的眼前。

那是她在福建协和大学热衷于搞妇女解放运动时，她身边的一些进步朋友，偷偷地借给她读毛主席的《新民主主义论》。当她第一次读到这篇文章时，心中异常激动，她感到毛主席对中国社会分析得如此精辟、深刻，对中国的前途描绘得如此明晰，令人鼓舞，令人向往。

如今相距万里的祖国新生了，正按照《新民主主义论》所描绘的宏图实现着。林兰英为之奋斗的男女平等的社会已经来到了。她扬眉吐气了！中国的妇女扬眉吐气了！

林兰英渴望着立即投入魂牵梦萦的祖国的怀抱。然而，她并没有这样做，而是将投身祖国的意愿深深地埋在心底。她在思考着自己过去从未思考过的问题："祖国需要什么呢？""我将给祖国带回什么呢？"

"衣衫褴褛的祖国啊！您需要装点，用最新科学技术的成就装点您，使您容光焕发！"

林兰英第一次面临着艰难的抉择！

"数学博士！唾手可得！多么诱人啊！"可是眼下祖国最需要的不是数学，而是各种各样的新材料，只有用最新的材料才能把祖国装点得容光焕发！

林兰英做出了令人瞠目结舌的抉择：放弃去芝加哥大学深造数学，决定进宾州大学攻读固体物理。人们难以想象，在林兰英的娇小身躯里竟隐藏着如此巨大的胆略和勇气。

从数学转向固体物理，这是一个近乎直角的急拐弯。在学习上，林兰英将要付出比学数学更大的艰辛。

艰辛的5年过去了。林兰英在米勒教授的指导下，获得了固体物理博士的学位。

林兰英投向祖国怀抱的时刻来到了！她仿佛看到了故乡高大的荔枝树上挂满了沉甸甸的荔枝，仿佛闻到了故乡海滨吹来的海风里散发出来她所熟悉的潮湿的腥味，仿佛听到了她日夜思念的家人的亲切笑语。她离别故乡已经7年。故乡的山水，故乡的面貌，故乡的风物，故乡的人情，是不是随着祖国的变化，也变得连自己都认不出来了呢？然而，林兰英想得更多的是，她不能只带着固体物理学的理论回国，她需要把研制新材料的技术带回祖国，这在祖国还是一片空白，她有责任去填补这一空白！经米勒教授的推荐，林兰英担任了美国纽约长岛的斯彭尼亚公司的高级工程师。

拉制单晶硅在当时的技术条件下，难度相当大。这家公司拉制单晶硅质量不够稳定，经常拉不出纯度合乎标准的单晶硅。对单晶硅的纯度，一般要求精度为 9.99999999。

初到斯彭尼亚公司，林兰英就遇到了这个难题，她出于好奇心，仔细察看了拉制单晶硅的设备，研究了搞拉单晶硅的过程。她发现在单晶硅的生长过程中，不能有效地将硅单晶与外界的杂质隔离，硅单晶的纯度也就不能达到理想的标准。她把自己的想法告诉了公司负责人，并且建议加一个隔离罩。公司采纳了她的建议，单晶硅的纯度问题迎刃而解。林兰英的才智犹如她的青春年华，立即引起了人们的兴趣和重视。

一年以后，即 1957 年，林兰英辞去公司高级工程师职务，申请回国。米勒教授对她的决定深感惋惜："以你的才华，在美国这样的条件下，你在半导体方面的研究，一定会取得惊人成就的。你为什么要做出这样的决定呢?"

"这里虽然有着良好的研究条件，优厚的待遇和舒适的生活。可是，在祖国，有我的故乡，有我亲生的父母，我不能长久离开他们，他们也在盼望着我回去。"林兰英诚挚地对老师诉说了自己思念祖国、思念故乡的心情。

老师的劝说，公司方面的挽留，都不能动摇林兰英的决心，这时，她已经迫不及待地想回国了。当时的美国政府对中国政府采取了敌视政策，他们冻结了林兰英在美国银行的全部存款，这是一笔不小的数字，企图以此威胁林兰英，然而，林兰英对这种卑劣的手段不屑一顾。在她的天平上，"祖国重于一切"。于是，她只带着简单的行李，登上了回国的旅途。

祖国伸出热情的双臂拥抱了她。这个在逆境中成长的姑娘，性格倔犟得像匹烈性的野马，然而，当她踏上年轻而又古老的祖国土地时，

1957 年，林兰英辞去在美国公司高级工程师职务，申请回国。米勒教授对她的决定深感惋惜：“以你的才华，在美国这样的条件下，你在半导体方面的研究，一定会取得惊人成就的。你为什么要作出这样的决定呢？”“这里虽然有着良好的研究条件，优厚的待遇和舒适的生活。可是，在祖国，有我的故乡，有我亲生的父母，我不能长久离开他们，他们也在盼望着我回去。”林兰英诚挚地对老师诉说了自己思念祖国、思念故乡的心情。

幸福、喜悦、激动，以及对未来的憧憬，如春潮：振荡着她的心，她再也抑制不住了，泪水夺眶而出！

她仍然活跃在科研第一线

在一次科学家与青年的座谈会上，林兰英赠送给青年们四句话："选定目标，鼓足干劲，贵在坚持，善于钻研"。这四句话可以说是林兰英成长历程的概括。她在回国后不久即被分配到中国科学院物理研究所搞半导体材料工作。

1957 年，林兰英担负了研制半导体材料的任务。当时，中国科学院物理研究所有什么条件呢？什么条件也没有，完全是白手起家，比起美国斯彭尼亚公司来说真是天上地下。然而，林兰英却信心十足，带领着一些青年人亲自动手搞设备。他们终于建起了中国第一座单晶炉，拉出了单晶锗，后来又拉出了单晶硅。林兰英终于实现了自己的理想，用自己的双手为祖国填补了半导体材料方面的空白，促进了我国电子工业的发展。

20 世纪 60 年代，国家遭受了自然灾害，困难，数不清的困难，一下子都降到了中国人民的头上。这时候，国际上已经出现了更新的半导体材料砷化镓。它比锗和硅的性能更为优越。林兰英决定马上做砷化镓。这时的条件比 1957 年还差。物理所刚刚一分为二。林兰英所在的一所连张桌子都没有，拿什么去研制砷化镓呢？但是，砷化镓研制不成，就会拖半导体材料的后腿，不仅如此，还会影响一系列新技术的进程。

"怎么办？怎么办？……"无数个"怎么办?"在林兰英的头脑中打转。

办法终于想出来了，林兰英动员大家去搬砖头，把砖头垒起来，上面搁一块木板，接着动手造单晶炉。他们就在这简陋的条件下研制砷化镓。林兰英永远忘记不了这段历史。人们请记住，记住这段历史吧！我们的半导体材料工业就是在这种不可思议的条件下成长起来的，我们的高技术也就是在这样艰难的条件下起飞的。

研究砷化镓最大的难关是纯度关。从1960年开始研制砷化镓，一直到1980年才攻下了纯度关。如果没有“文化大革命”10年动乱的干扰，可以提前10年解决纯度问题。现在，我们生产的砷化镓的水平与国际上先进国家比，究竟差距有多大呢？

“我们砷化镓的纯度在国际上并不差得很远，应该说，有的地方还比他们强。”这是林兰英的评价。

1981年，林兰英去美国参加了一个国际学术会议，在会上宣读了两篇论文，一篇是气相位延，一篇是液相位延。这两个报告引起了国际上的广泛注意。美国伊利诺斯州的一位教授，向林兰英要了两个砷化镓的样品。不久，他寄来了报告，他非常郑重地宣布，经过把中国的样品与美国、日本、西德的最好材料相比，中国样品的纯度超过了他们，质量也高于这几个国家。

林兰英为了争得妇女的社会地位，为了祖国科学的昌盛，花去了大半生的精力。在短促而又漫长的人生道路上，她放弃了生活中应该得到的许多东西。直到现在她还是独身，然而，她有一个幸福的家庭。她的外甥女夫妇和她生活在一起，又添了一个活泼可爱的小孙女，更增加了林兰英一家的天伦之乐。

林兰英古稀之年，仍然活跃在科研工作的第一线，带领着一些年轻的科研工作者从事半导体材料的科研工作。她谦逊地说，希望再努力工作10年，尽到一名老兵的责任。

林兰英的贡献

长期从事半导体材料科学研究工作，是我国半导体科学事业开拓者之一。先后负责研制成我国第一根硅、锑化铟、砷化镓、磷化镓等单晶，为我国微电子和光电子学的发展奠定了基础；负责研制的高纯度汽相和液相外延材料达到国际先水平。为我国的半导体材料科学作出了重大的贡献。

一位医学家的魅力

——记当代名医吴阶平

刘文典

知识只有通过思考，在实践中应用，才能成为解决实际问题的能力。要重视实践，要督促自己思考，养成推敲的习惯。一个人的成长，实际就是实践、知识和思考结合能力的不断提高。

——吴阶平

吴阶平（1917—2011）

吴阶平简介

吴阶平（1917—2011）江苏常州人，中科院院士、医学家，我国著名泌尿外科专家和学科带头人。中国共产党党员，全国政协委员。

1942年毕业于北平协和医学院。1947年去美国芝加哥大学进修。新中国成立前夕回国。历任北京医学院教授，北医一院副院长，北京第二医学院院长，中国医学科学院院长。现任中国科协副主席，中国科学院生物学部委员，中华医学会会长，中国医学科学院名誉院长，中国协和医科大学名誉校长，北京医科大学泌尿外科研究所所长，中国药品检验委员会主任委员，中国计划生育协会副主任等职。

题 解

魅力：很能吸引人的力量（见1983年版《现代汉语词典》774页）。

吴阶平教授的魅力不在他有那么多显赫职位和荣誉头衔；他那“很能吸引人的力量”来自善于思考，追求真理，不间断地探索创新的科学家特有的优秀品质和刻苦认真、勤恳忘我的献身精神。

从“垂髫”之年的孩童时代至今，在不同年代不同环境，吴阶平都以超群的智能和出色的作为赢得人们的喜爱和崇敬，使人受到启示和教益，留下难忘的印象。

年“方”六十九

你见过这位当代名医吗？简直不相信他已经度过69个春秋了（采访时年龄）。你看那一双闪着智慧之光的眼睛扫视着面前的一切，显示出跃动的活力和高昂的气势；听他讲话不仅受益，也是一种享受，他谈吐锐利生动，妙语横生，扣人心弦，你好像能触摸到他那高效率的思维机器在永不停息地运转着。前不久在中国科协、团中央、全国学联举办的著名科学家同大学生、研究生会面谈心会上，吴阶平在谈到年龄时说：“我很欣赏大画家刘海粟说自己‘年方九十’。国外有些老人也不再说I’m 50 years old，而是I’m 70 years young。”

吴阶平承认年华有限，新陈代谢的自然规律不可抗拒。这使他督促自己更加惜时如金，锐意进取，勤奋不止。他一颗红心满腔热血，为振兴中华竭力奉献的炽烈感情，形成一股很强的吸引人的魅力。他把中国医学科学院院长和中国协和医科大学校长的重担放心地交给下一代了，自己任名誉院长、校长。他是中国科学院生物学部委员，还担任中华医学会会长、泌尿外科学会主任委员、北医大泌尿外科研究所所长以及中国药品检验委员会主任委员、中国计划生育协会副会长等许多重要职务。他主持开会、组织活动，也忙坏了帮他排日程的秘书同志。他又要主编刊物、写书、带教博士研究生。在国外学术界他还有不少头衔，几乎每年都要跨出国门去参加各种活动。4月底刚从同大学生的谈心会回来，喘息未定又飞往大洋彼岸为医科院和协和医大的事去奔走出力了。

近年来，他四出讲学、做报告，着重帮助青年一代发奋攻读，尽快成才。他始终面向未来，随时寻找能推动事业向前发展的新目标。最近他给医学生和年轻大夫讲的《临床实践与思维》，大受欢迎。这是他从自己多年实践经验中精炼升华，提到理论高度的心得体会，是国内外从来没人讲过的新课题。因此听众踊跃，大大超过原定名额，报告的录音带被多次转录播放。在国外一所医学院的毕业典礼上，他也讲了这个内容，外国朋友们叹为观止。

今日功劳卓著备受国内外称颂的吴阶平，决非朝夕之功所能塑造得成的。他是经过半个多世纪的艰苦努力，一路披荆斩棘、过关夺隘奋斗过来的。让我们把时光拉回到60年前，循序探查他的成才之路上有什么成功“诀窍”吧！

从小播下良种

儿时的吴阶平活泼顽皮，讨人喜欢。大他10岁的长兄、著名儿科传染病学家吴瑞萍教授几次谈起吴阶平，总是如数家珍地滔滔不绝：“他从小就好动脑子，还事事留心，肯钻研，玩也要玩出新花样。”他举例为证：当年有一种翻铜板的智力游戏，六个铜板三正三反一字排开，只许挪动两枚便要成为一正一反的交叉顺序。小小吴阶平紧锁眉梢细思量，一坐好长时间，饭不吃觉不睡，不达目的誓不罢休。有志者事竟成，难题终于被他解开了。“心之官则思”，吴阶平从小就爱动脑子想问题，啥事都要闹个明明白白，这为后来几十年在学习研究中探索创新，取得成果撒下了良种。

他们的父亲吴敬仪是一位正直的实业家，当时在天津招商局和宝成纱厂当经理，家庭条件是好的。吴阶平常带着弟弟们在院里玩。有一次他异想天开，要独辟蹊径出新招——骑在自行车上玩拍皮球。弟弟们被吸引过来瞪大眼睛观赏二哥的精彩表演。谁知只有瞬间成功，吴阶平没有得意一会儿就连车带人摔倒在地，伤了右臂，害得在协和医学院读书的大哥带他到北京治疗。至今那只胳膊伸屈仍不甚自如，只是看不大出。虽然吃了些皮肉之苦，他却享受了一番创新的乐趣，也没有妨碍他今后成为外科医生。

吴阶平来京治伤住在哥哥宿舍里，协和的高班生都是一人一间屋，倒也方便。有时大哥哥们课余玩桥牌，旁边总少不了一个小观众，日子不多，那个颇费脑筋的玩意儿竟被一个孩子看会了。年近8旬的吴瑞萍教授清楚地记得，几年后他花5个美元托人买了一本名为《Gold Book》的桥牌经，被吴阶平拿去看了。进大学后吴阶平已精于此道，成了打桥牌的能手。

吴阶平弟兄几个如今都是有贡献的医界名家，这与家庭教育有关。父亲在孩子们启蒙时就尽力创造条件，请老先生教古书，请纱厂的工程师们教英文、算术。结果吴瑞萍没上小学、初中直接进入高中，吴阶平也迈过小学考入天津汇文中学。老父亲的教导言犹在耳：你们长大不要到官场去追名逐利，你们没那种后台；也不要经商，还是好好读书，学技术，将来凭本领吃饭。老人还要儿子们都去学医，而且要上名牌的协和医学院。在那种年代的家长如此明智是难能可贵的，不失为一个开明之家。吴阶平在那里生活长大，获益良多。

20世纪初，北京东单三条那座高墙深院的清朝遗老的“豫王府”被美国石油大王洛克菲勒买下拆掉，花5年时间在原址盖起一组磨砖对缝、绿瓦飞檐的宫殿式楼群，那就是协和医学院。石油大王为自己树碑，取“豫王府”的谐音，把它叫做“油王府”。吴阶平小时候来京治伤在那里住过，他觉得恍惚进了一座令人眼花缭乱的神秘莫测的迷宫。他下决心非到协和念书不可。他16岁中学毕业顺利考入燕京大学，完成了协和医院预班三年的学业，1936年正式进入这座“王府”。在当年那是十分令人羡慕的学府。协和学制8年，在美国注册立案，毕业由纽约大学授予博士学位。教授多为美国人，教学全用英文。每年只从全国众多拔尖的考生中精选二三十人，学习要求极严，75分才算及格，到毕业时往往一个班只剩下 10 多人。学生们拼命苦读，仍难免被淘汰。

吴阶平给自己下了这样一个评语："很淘气，中学大学都没好好念书，不是一个用功的好学生。可是并没落下什么，脑子没有停下来，倒是活跃的。"他是够淘气的。念解剖学的时候，同学们都在努力温课，他却拿起一块块骨头左看右看，左摸右摸；还要练习在口袋里放一块，只伸手一摸就能说出是什么骨头。吴阶平过来对同学诡秘地一笑说："会摸还不算数，看我给你们表演一个新鲜的。"只见他抓起一块骨头高高抛起，"啪"地一下接住，并不去看，问大家："你们信不信，我能马上说出这是块什么骨头。"同学们像看变戏法似的愣在那里，听吴阶平自问自答后一核对果然不错。事后他承认，他是先做了准备，故意唬人家的。吴阶平说："我最讨厌死读书读死书。"他恶作剧捉弄人的事不断有，同学们只觉得他脑子灵，鬼点子多，并不怪他。学寄生虫课的时候，他对死记硬背这个蚊子那个苍蝇的也不感兴趣。这个淘气的学生又要出花招了。他从饭厅里抓了一只苍蝇，用大头针插在软木塞上，盖上一个小试管，活像教学用的标本。他拿着见人就问："你看这是什么？"问遍全校的同学都不认识。吴阶平不由暗笑，拉起长声一顿一顿地说："这叫家蝇，最普通的！"

在协和，人才竞争激烈，都奋力向那个象牙之塔的尖顶上攀登。考试的时候一般都得掉几斤肉，有的把床铺收起来督促自己彻夜苦读。吴阶平可不同，他轻轻松松地温课，但照样还玩乐，按时进餐就寝，吃得香睡得稳。阜外医院顾问、胸内科专家蔡如升教授曾和吴阶平同班，他说："吴阶平不是死读书，学习能抓住要点，灵活、有效，看起来他不用功，可是考试成绩总是好的。"为此，他得过奖学金。举行毕业典礼的时候，按规定，要由全班成绩最好的学生举着标牌带领全班同学鱼贯入场，吴阶平就获得过这个荣誉。

自然界不会总是风和日丽温暖如春，一个人哪有老是一帆风顺的呢！1939 年吴阶平念到六年级了，病魔突然袭来，他患了肾结核，被

吴阶平给自己下了这样一个评语："很淘气，中学大学都没好好念书，不是一个用功的好学生。可是并没落下什么，脑子没有停下来，倒是活跃的。"……只见他抓起一块骨头高高抛起，"啪"地一下接住，并不去看，问大家："你们信不信，我能马上说出这是块什么骨头。"同学们像看变戏法似的愣在那里，听吴阶平自问自答后一核对果然不错。事后他承认，他是先做了准备，故意唬人家的。

切去右肾，不得不休学一年。他没有向困难低头，一边养病，一边继续用他那灵活有效的方法读书学习，掌握新知识。

毕业是晚了一年，而吴阶平在协和8年打下的功底是深厚的。

定向起飞

“多思，探索，创新”——吴阶平思想性格的基本特征，从幼年起就有了雏形，协和8年进一步深化发展。他学成毕业了，有本领了。医生这种职业是“铁饭碗”，何况他是在被称为“金牌”大学的协和毕业的，那他捧的就是“金饭碗”了。父亲给定下的“好好读书，将来凭本领吃饭”的目标，他超额完成了。

然而，吴阶平能安于挣钱吃饭吗？想想看，他在协和的8年，正是“中华民族到了最危险的时候”，继而日本法西斯入侵，大片国土沦丧。由于当时日美间的微妙特殊关系，美国人办的协和医学院还安着一张“安静的书桌”，成了亡国奴的中国学生们怀着矛盾的心情在那里两耳不闻窗外事，一心只读医学书。善于思考的吴阶平在反复琢磨：为什么日本帝国主义敢来欺负我们？还不是我们弱！他曾经非常羡慕日本有一个明治维新，出了个伊藤博文，把日本变成了强国。我们中国哪一天能强盛起来？他产生了一种新的追求和向往。

太平洋战起，吴阶平刚好毕业。协和关门了，人们各奔东西，自谋出路。我国最早的一位泌尿外科专家谢元甫教授在协和执教时最喜欢吴阶平这个学生，在他的影响和教导下吴阶平选了泌尿外科专业。谢元甫离开协和到了中和医院（北医大人民医院前身），把吴阶平也带了去。吴阶平当住院大夫、住院总医生都干得很出色。

吴阶平最初接触中共地下党是在1943年沦陷期间。抗日战争胜利，他曾经高兴过，不久幻想就破灭了。这时他又接触了几位中共地下党员，为他们治病，同时从他们那里接受了一些革命道理，开始认识了共产党。他觉得眼睛明亮了。

当时，中国杰出的外科专家、脑外科专家关颂韬到北大医学院主持外科。他要吴阶平帮助他去建立外科，一方面任外科讲师，一方面又兼任中和医院的住院总医生。吴阶平欣然接受了。

谢元甫教授很爱才，1947 年设法把吴阶平送到了美国芝加哥大学进修。吴阶平的导师赫金斯（Charles Huggins）教授是一位现代肿瘤内分泌治疗的奠基人，诺贝尔奖金获得者，他十分赏识这个年轻的中国人，千方百计地要把吴阶平留在美国。当时芝加哥大学正在大兴土木为赫金斯建科研楼。赫金斯把一张蓝图摆在吴阶平面前，诚挚地指点着说："这里是你的实验室……"赫金斯还许下诱人的优厚待遇，并动员吴阶平把家属接去。然而吴阶平不为所动，他想的是谁能拯救在三座大山重压下灾难深重的祖国，对这一点他已有所认识。拳拳赤子心，耿耿报国，情使吴阶平态度鲜明地做了坚定的回答。他连行李都没带，急匆匆赶在新中国诞生前夕回到了祖国。不到一个月，古老的北京城就迎进了浩浩荡荡的解放大军，吴阶平为报国有门而深感欣慰，从此开始谱写他大有作为的新的历史篇章。

吴阶平回到北京医学院，在第一附属医院治病、教学、搞研究。30 多岁就当了副教授，又过几年成为教授。他认为共产党尊重知识，爱惜人才，自己被充分信任，感到大有用武之地。他当过外科主任、副院长。1951 年他率领北京抗美援朝志愿手术队在烽火连天的战斗中抢救危重伤员。成绩卓著，荣立大功。他勤奋工作，屡有创见，未及"不惑"之年已成为我国第一流的外科专家，对我国泌尿外科事业的建设和发展作出了不可磨灭的贡献，被公认为学科带头人。

在紧张繁忙的工作中，吴阶平对人生的价值、理想和信念这些问题也做过一些哲理性思考。解放初期百废待兴，共产党是怎样发挥着领导和核心作用，短短几年取得了多么辉煌的成果，吴阶平看在眼里，心中有数。他在知识分子改造运动中也吸取了积极的营养。他向党吐露了蕴积已久的真情。难忘的 1956 年啊！他牢记着 1 月 27 日那天自己举起握紧的拳头在党旗下宣誓"为共产主义事业奋斗终生"的情景。这是一个科学家经过多年认真的观察与思考作出的严肃选择；是一个高级知识分子思想上由量变到质变的飞跃。吴阶平和许多科学家一样，头脑冷静，勤于思维，不苟言笑，乍一看是一副近乎冷峻的面孔；这时候从他脸上还是看不出有多大变化，但是他的内心却不断升温，满腔激情化作无穷力量。他觉得以为人民服务的具体业务为起点，什么工作都在向着远方延伸，每前进一步就离那个大目标近一步。政治不是空洞的概念，革命的任务不仅在认识世界，更要改造世界。这不也正是一个科学家的天职吗！

吴阶平的学生们说他是“先专后红”的典型，不仅向他学医学知识，还学习他对事物善于思考、分析和鉴别的科学的思想方法。红与专的关系应该是很明确的，可有些知识分子还在犹豫，议论纷纷。这自然是正常现象，那就让它继续作为人们的话题吧！吴阶平是成竹在胸的，他对新旧社会做过分析比较，鉴别过祖国和异邦，体会是深刻的。事实教育并促使他树立了远大的理想，找到了称心可靠的归宿。

“有准备的头脑”

归来的吴阶平，把个人的理想、追求和成败得失的命运同祖国的最高利益拴在一起，把自己的一切溶于党和人民的事业之中，他感到天高地远心胸宽，翱翔驰骋任我行。他进入了更高的思想境界，施展才智本领，如虎添翼，无尽的潜力喷薄而出。

吴阶平一向反对死读书，到底怎样活起来呢？他当初也不甚清楚，当了医生，开始接触实际才慢慢总结出了一些经验体会。他感到知识并不给人以解决实际问题的能力，只有到实践里头去应用，经过不断地思考，才能提高自己的能力。所以他认为首先要解决好实践、知识和思考结合的问题。近代微生物学奠基人、法国著名微生物学家巴斯德的一句名言他牢记在心：“机遇偏爱有准备的头脑”。他有意识地锻炼自己有个有准备的头脑，随时给自己提出问题，督促自己思考，养成思考的习惯，不犯“机会曾来敲门而未予理睬”的毛病，不放过任何提高自己的机会。这成了他受用不尽的“法宝”。

当医生很不容易。“修理”有各种特殊功能的高级动物的躯体，不像修机器，可以随意拆卸，在直观下进行。一个医生技术是否高明，有无创新，往往取决于他能否善于思考，勤于探索。急性阑尾炎本是常见的普通病，不难诊断，手术也简单。吴阶平却不简单从事，他认真思考，仔细分析研究患者阑尾炎的部位是在肠子的左边，右边，上头，下头？虽然阑尾没有破，究竟对腹膜可能产生什么影响？阑尾里头有没有粪石？……尽量要求自己考虑得周密具体，然后做出诊断。这种手术一般是成功的，但是吴阶平做得更“漂亮”，病人痛苦小，也避免了由于事先考虑不周会引起的其他毛病。他觉得自己每做一次手术都有不同的新收获。他对任何患者都是如此处置，不容自己只是习惯地照多年的老办法去做。这样，不仅要认真思考，还要反复推敲。有经验的医生深知疾病的复杂，自己还有很多不足，所以对待诊治工作“如临深渊，如履薄冰”。当医生责任重大呀，这是关系到一个人的生命和人类健康的大问题。吴阶平有独创性，做出了“5 年超过 10 年”的业绩，得益于这个极富魅力的“有准备的头脑”。

功高如此人自谦

在北京医科大学泌尿外科研究所，50 出头的顾方六教授谈起吴阶平的学术成果和突出贡献，崇敬亲切之情溢于言表。他是吴阶平教授 20 世纪 50 年代初带出来的第一个研究生，一直跟随恩师学习、研究、出成果。他送我一本今年第一期的《北京医科大学学报》，里边有他写的一篇文章“介绍泌尿外科专家吴阶平教授——成功的奥秘在于不间断的思考和探索”。顾教授首先提到吴阶平教授 1953 年关于肾结核对侧肾积水的新概念，说这一创见使许多过去一直认为是双肾结核被判为不治之症的患者得到正确救治，重获新生。这是泌尿外科学的一项突破性进展，立即在国内外受到高度重视，被广泛采用。顾方六教授怕我费解，在我面前铺了一张纸，画了草图，耐心讲解，我被深深地吸引着，颇有领悟。对吴阶平教授更多的成果贡献，我不敢拙笔代劳，

从顾教授的文章中做点摘录吧：

“早在1959年，吴阶平还设计了利用回盲肠进行膀胱扩大术，成功地应用于临床上膀胱挛缩的患者。该手术在20世纪70年代甚至80年代欧美书籍和杂志上才作为最新的手术方法介绍给读者。

“20世纪50年代我院在吴阶平教授领导下，最先广泛应用经皮肾穿刺造影于诊断，并有应用经皮肾穿刺造口术的治疗病例，比起当今国际上时兴的经皮肾手术还要早。当时肾上腺外科在国际上尚未普及，吴阶平在我国率先进入该领域，此项工作曾在日本医学界引起很大震动。1961年9月在第十九届国际外科学会上，吴阶平明确指出皮质醇症（即柯兴式综合征）的病状在多毛的同时常合并脱发，受到重视，他的报告为皮质醇症的诊断增添了新内容。

“他对肾上腺外科突出的贡献是60年代明确提出肾上腺髓质增生的新概念，并确认为独立的临床疾病。发表在英文版中华医学杂志的论文被收入1979年《美国泌尿外科年鉴》；1983年吴阶平还首先在第三十届国际外科学会上报告了患者术后长期随访的报告。

“他提出的‘小儿巨大肾积水的容量应以超过该年龄24小时平均尿量为标准’，这个标准已被泌尿外科界所公认。

“20世纪70年代，他还设计了特殊的导管改进前列腺增生的手术，使经膀胱前列腺切除术的出血量大为减少，手术时间缩短，被称为‘吴氏导管’，已在国内推广”。

“作为泌尿外科专家，他十分重视计划生育工作，1957年首创输精管结扎时向精囊灌注醋酸苯汞以杀死残存的精子，使术后立即达到绝育效果（过去一般术后都须经两三个月才成）。报告后立即在全国推广，有力地促进了计划生育工作。”

有这么一段插曲：1956年的一天，吴阶平正在图书馆看书，我国著名妇科专家林巧稚教授迈着她那特有的轻盈快速的步子走过来，用浓重的福建官话说：“吴阶平啊，要搞计划生育了，女的归我，男的归你！”心有灵犀一点通。吴阶平感到责无旁贷，拿出他善于思考的

"法宝"，把能促进计划生育的男性方面的手段一一过脑，仔细推敲，很快想出了提高输精管结扎手术效能的新招儿。说起这事来，吴阶平扬头哈哈一笑，说："那有什么，只不过林巧稚敲了我一下，我动了动脑子就琢磨出来了。说穿了，一钱不值。"教授同志，过谦了。这个有百年历史的老手术，为什么过去就一直没人发展过呢？为什么在您"说穿"以后17年，美国在1974年才在医学刊物上把它作为新方法发表出来呢？这不正是您勇于探索，追求祖国、人民和人类科学进步的一片忘我之情的结晶吗！

吴阶平的学生中当今有许多已经是教授、副教授，他们仍然被当年课堂上的情景吸引着：身材不高的吴教授在讲桌后站定，首先把目光投向所有在座的同学，全场立刻静下来。他讲课效率高，讲得生动、具体，中心思想突出，思维逻辑严密，语言精练富有哲理，引人入胜。学生们人人爱听，认为有兴趣，易懂、好记。

临床医生们最爱跟吴阶平一起查病房，听吴阶平主持病例讨论会。和讲课一样，他启发诱导并鼓励大家多思考多探讨。人们最感兴趣的是吴阶平经常能从哪怕是一份常见病的病例记录或是一张普通的X光片上，发现和提出不寻常的问题，给人新的启示。这样的活动常常是座无虚席，气氛十分活跃，同行和后辈都很受益。吴阶平教授的魅力可不能用世俗的眼光去理解和衡量。

吴阶平领导的泌尿外科研究所是全国闻名的，几十年来培育了大批来进修深造的各地医生和研究人员，先后有120人成了各自单位的骨干，有些已卓有贡献，包括中山医学院的梅骅教授。

难报救命之恩

最感激吴阶平的还是那些深受其救命之恩的患者。

北京华益公贸易开发公司负责人王继宗动情地叙谈了自己的悲惨童年和30年前一件难忘的往事。他老家在河北定兴，自幼随大人闯关东讨生活，双亲、伯父和几个兄弟在旧社会都死于结核病。他也难逃厄运，从小就有尿频的毛病，一天不知上多少次厕所，痛苦难言。新中国成立后到了北京，在一家私人铁厂当学徒。他去看病，大夫说是肾结核，治疗总不见好，终于沉重起来，20 多岁的小伙子手足无力皮包骨，他索性回老家去等死。也许是大自然的恩赐，他竟慢慢掩过来了。回到北京赶上社会主义改造，公私合营，厂里送他到北医第一附属医院治病，1957 年动了手术。他活下来了，还从车工升为车间主任，入了党，如今又在经济改革中出现的新企业里当头头。王继宗高高胖胖的，一派“燕赵之士”的豪爽性格，看上去不像 54 岁的人，还蛮精神呢！他把我引到一个没人的地方，解开衣裤让我看大夫怎样在切去他的一只肾以后又巧夺天工地改造了他的泌尿系统的走向，那真是神奇的创造！几十年来他只有这一点异于常人，虽然稍有不便，却无伤大局，并已习惯成自然，不觉得了。他照常工作、干活，怕同志们照顾他，就一直瞒着大家。他是吴阶平教授关于肾结核对肾积水新创见的直接受益者！

王继宗无数次地到医院复查，如今已做了教授的孙昌惕、顾方六大夫也一直坚持术后随访，彼此都很熟悉了。他最想念为他定下治疗方案的吴阶平教授。他当年偶尔在吴教授查病房的时候见过这位年轻专家，只是深情地凝视着他，除了答问，没多说过什么。他听医院里人说，吴教授也只有一只肾，这使他受到鼓舞，增强了信心。病愈近30年来，他总是想去拜望自己的救命恩人，却认为自己是个粗人，“说三不着两”地怕耽误人家宝贵的时间；他托人写过信，又觉得表达不尽自己的心意，一直没有发出。这是一个普通劳动者一颗火辣辣的心啊！

据到 1959 年短短几年的不完全统计，像王继宗这样被从“绝症”中解救出来的就有 20 多人。而至今又有多少患者和家属亲朋受益啊！

1982 年 9 月 11 日《人民日报》登载了武汉市雷江滨一篇文章，感谢吴阶平教授 20 多年间两次亲自为她做手术，治好了她先天性膀胱尿道畸形的顽症。她说，吴阶平教授这样平易近人，对待普通患者这样关心，这是一种多么认真负责的态度啊！他不愧是一名真正的医生！

吴阶平也有过失败的教训，最初学做大夫由于疏忽，看病漏了检

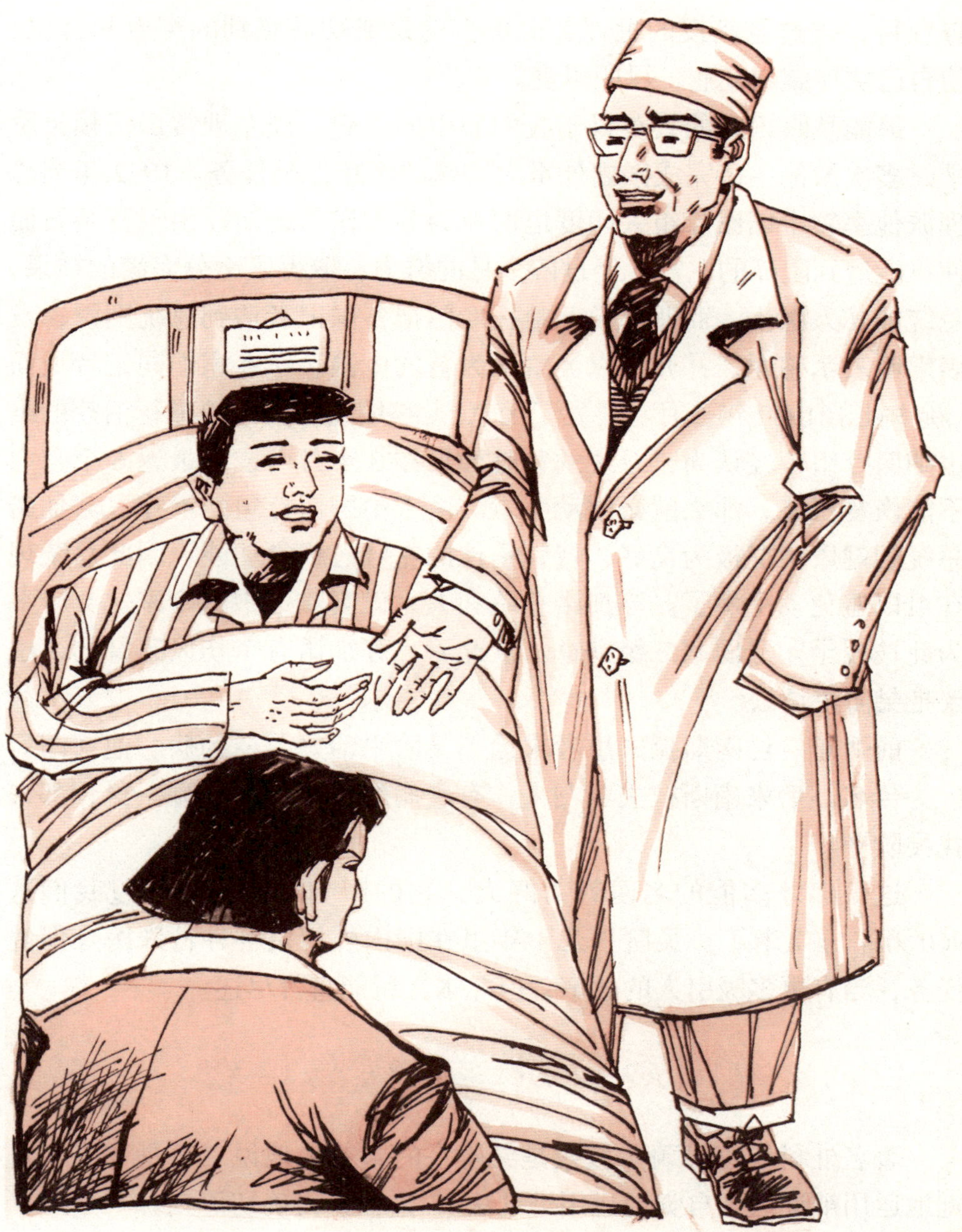

最感激吴阶平的还是那些深受其救命之恩的患者……据到 1959 年短短几年的不完全统计，像王继宗这样被从“绝症”中解救出来的就有 20 多人……王继宗无数次地到医院复查……他最想念为他定下治疗方案的吴阶平教授。每次复查偶尔在吴教授查病房的时候见过这位年轻专家，只是深情地凝视着他，除了答问，没多说过什么。

查项目，挨过老教授的批评；但更多的是成功后感到的宽慰和喜悦，使自己更加兢兢业业，尽职尽责。

最能慧眼识人的，莫过于我们心中的丰碑。周总理赏识信赖吴阶平，多次派他主持完成国内外重大特殊的医疗保健任务。1962 年周总理派他率领中国医疗组去印度尼西亚为苏加诺总统治疗由于肾结石而使机能遭到阻障的左肾，经过四个月的努力，取得了十分完满的结果。总统的私人医生、商业部长苏哈托专门把各国记者请到总统别墅，发表声明表示感谢，并介绍以吴阶平为首的中国医学专家们同记者见面(新华社于 1962 年 5 月 7 日发了消息)。声明说，为总统进行治疗的维也纳医疗组曾经认为，总统的肾脏如果在 3 个月内或者最迟 6 个月内不能恢复机能，那么就必须动手术。由于中国医疗组的治疗，苏加诺总统的健康情况极为良好，特别是他的左肾已恢复功能。因此总统现在可以避免动手术了。苏加诺总统和夫人设宴欢送中国专家。吴阶平为此被授予印尼国家二级勋章。从此后，苏加诺有个伤风感冒的，也要把吴阶平请去。

前两年一位南斯拉夫患者求诊，吴阶平治好了他的病。他回国后广为传名。后来南斯拉夫朋友来，有患病的，不管属于哪一科，都来找吴阶平。

这位多才多能的名医魅力好大，它的影响所及远远超过我们这 960 万平方千米了。吴阶平几十年里在国内外担负种种特殊医疗保健任务，当有更多吸引人的故事，但非本文所能直言尽述。

掏出心窝话　打动众后生

著名外科专家吴蔚然教授是吴阶平的胞弟，他说二哥是“由不自觉地运用辩证法到自觉地运用辩证法”，这话说得确切深刻。

吴阶平 1986 年 1 月被请到天津去给医务界代表做报告，3 月里给中国协和医科大学七年级学生和年轻医生讲课，4 月又两次同大学生、研究生会面谈心，都恳切地反复表述自己的心意：希望年轻一代把自然成长变为自觉成长，把实践、知识和思考相结合作为战略性问题来考虑，重视从实践中经过思考提高自己的能力，尽快成才。

他多次提到周总理对他说过："医生最需要辩证法。要学习毛主席的《实践论》《矛盾论》。"他认为医生在临床实践中必须用辩证唯物主义思想作指导。看问题一定要全面，不能只看局部。把自己的思维过程，经过分析综合，形成概念，做出判断，最后从患者的病情变化、治疗效果来验证诊断是否正确，经过多次反复实践，就可以使认识不断地从具体到抽象，再从抽象到具体，不断深化，不断提高。他早期的临床思维的发展过程对广大医务工作者很有指导意义。如今又从共产主义世界观出发，更加自觉地运用唯物辩证法来指导自己的言行，并把多年的心得体会浓缩升华为哲理性很强的科学思维方法。他每次的报告、讲话实际都是一堂哲学课，受惠者又何止医界人士呢！

4 月 22 日他在科学家同首都大学生座谈会上说："我们是身在福中不知福。在我们这个社会里实际上处处都给我们学习辩证唯物主义思想的机会，当然每个人情况不一样。如果我们自己把运用辩证唯物主义思想的自觉性提高了，那么我们每个人的进步成长就会大大加快。"他 3 月 12 日在协和医科大学讲《临床实践与思维》时，是很动感情的，他说："我要掏出心窝子话，打动你们认真考虑快快自觉成长的问题。"他希望大家要有学术好奇心，不要回避思考，要善于从各方面吸取营养，多学知识以外的东西。要多想我们不知道的别人也没做过的事，去开拓创新，不能满足于重复别人已经做过的事。

智慧在于思维

"中国人是聪明的"，小平同志 1977 年 8 月 16 日会见美籍生物学家牛满江教授时这样说。钱学森教授 1986 年 5 月在答香港记者问时说："中国科技人员是了不起的，因为他们很聪明，而且他们能够艰苦奋斗。"日本著名化学家，诺贝尔奖金获得者福井谦一教授前不久对中国记者说："悠久的民族文化传统使中国人形成了富有智慧的素质，这正是中国的潜在优势。”

人们说吴阶平聪明过人，很有天才。吴阶平说，我是个普普通通的人。他教导后辈们说：“人的智慧的差别，在于应用思维的能力”；“脑力也需要锻炼。一辈子不停地努力思考，思维能力就不断提高，永远可以提高。”吴阶平认为已故华罗庚教授说过的“天才在于积累，聪明在于勤奋”的话十分中肯，内涵极深。

如今吴阶平教授不顾老之已至，也不觉得自己有什么很能吸引人的力量；他知道有人不喜欢甚至怕自己，但不改严密严谨严格的一贯作风，他很不愿意看到不爱动脑、马马虎虎不认真的人。吴阶平办事依然快速、准确，效率之高不减当年。他始终如一，精神振奋地工作着，力争为党为人民多作贡献。几十年先后发表 90 多篇学术论文，主编和参加编著《外科学》《泌尿外科学》等十多部专著之后，进入 20 世纪 80 年代，他又挂帅译著了《性医学》一书，用唯物主义观点和科学态度，传播健康的性医学知识，提高全民族的科学文化素养。他认为，一个共产党员要尽更多的社会责任。

吴阶平教授壮心不已奋斗不止的感人精神，更是一股引人的魅力。

吴阶平的贡献

他是国际外科学会会员，任第 30 届国际外科学会 1983—1985 年副主席，国际泌尿外科学会会员，国际内分泌外科医师协会会员，北美透析和移植协会、加拿大家庭医师学院、西德内腔镜博物馆荣誉会员。

他在国内外学术刊物上发表 90 余篇科学论文；主编和参加编著《泌尿外科学》《外科学》《泌尿外科进展》等医学专著 10 多册。他对肾结核、肾积水、肾上腺外科、计划生育、前列腺外科、肾切除后的肾代偿性生长等问题创造性地提出许多新概念，对推动我国泌尿外科发展起到积极作用，作出了突出贡献。

路在他的脚下

——记植物生态学家侯学煜

任欣发

学习科学除读好“有字”的书外，还要重视读好“无字”的书，即到社会、自然界和实践中去学习，因为社会和自然界是一本永远读不完的书。

——侯学煜

侯学煜简介

侯学煜（1912—1991）安徽省和县人。新中国植物生态学和地植物学主要开创人之一。1937年毕业于南京中央大学农学院。1945年到美国宾夕法尼亚州立大学研究院留学，先后获硕士和博士学位。1950年回到祖国。1951年加入民主同盟。1986年加入中国共产党。现任中国科学院植物研究所研究员，中国科学院学部委员、生物学部常委，中国科学技术协会第三届全国委员会委员，南京大学及兰州大学等校名誉教授等职，是第六届全国人大常委。

侯学煜（1912—1991）

自然界是检验辩证法的试金石……自然界中的一切现象，归根到底都是辩证式地发生。

——恩格斯

他，从研究一捧土、一块石、一根草、一棵树开始，逐步形成了对全国农业发展战略的构想，提出了著称于世的“大农业”、“大粮食”观点；

他，为了探索大自然的奥秘，合理开发利用祖国的自然资源，勤奋的脚步几乎踏遍了辽阔神州的每一片土地；

他，对祖国、对党奉献出一颗真诚的心。这位学者74岁高龄时，光荣地参加了中国共产党——这就是中国科学院学部委员、著名植物生态学家侯学煜走向成功的路。这条路每时每刻都在他不畏艰险、知难而进的脚下延伸……

触及农业发展战略的思考
党和八亿农民的好参谋

一辆黑色的奔驰牌小轿车，从中南海飞快地直向北京西郊驶去。初春的古城，万木吐绿，气象一新。小车穿过翠绿和鲜花掩映的三里河路，在白石桥丁字路口向右转弯，径直驶进中国科学院植物研究所大院。

“中央让我来看望你，来向你请教。你提的那些意见，领导同志都同意。中央书记处的同志们认为，你的建议触及了农业发展的战略问题，你的文章将在《人民日报》上公开发表。”原来，政治局委员、国务委员兼国家科委主任方毅同志来到了植物所。他紧握着著名科学家、植物所植物生态研究室主任侯学煜教授的手，亲切地说。

侯学煜教授十分感谢中央领导同志对科学工作的意见这样重视和支持。他对方毅同志说，作为一个了解实际情况和研究自然界规律性的科学工作者，有责任向中央建议。

1981年3月6日，《人民日报》发表了侯学煜教授的文章:《怎样解决十亿人口的吃饭问题?》（发表时题目改为《如何看待粮食增产问题?》）。文章全面论证了发展农业生产与保持生态平衡的关系，还以大量的科学数据简述了这位植物生态学家几十年来对我国生态环境的研究成果之后，提出了“大农业”和“大粮食”观点。他认为，要解决粮食增产问题，根本的办法是要靠政策、靠科学。中共中央、国务院在转发《关于积极发展农村多种经营的报告》时采纳了侯学煜教授的建议，在通知中明确指出，要“建立良好的大农业生态系统”，“要有大农业与大粮食观点”。从此，侯学煜和他的事业，引起了中央领导机关和领导同志的关注，也正是这个原因，他赢得了党和人民的尊敬和信赖。

实践是科学发现的钥匙
昨天为今天的成就奠基

一个科学的概念——保持生态平衡，一个精辟的观点——大农业与大粮食观点，正在960万平方千米的辽阔国土上扎根、开花、结果。提出并全面论证了这个被中央确认为是触及了中国农业发展战略问题的侯学煜教授，顿时，名震中华大地。他毕生为之奋斗了几十年的事业，终于在这个顺应民心的历史条件下，和党的事业、八亿农民的事业，成功地进行了“对接”，从而使他在科学上的造诣和建树，放射出了绚丽夺目的光华。

专攻植物生态学和地植物学的侯学煜教授，今天有可能向党、向人民奉献出这样丰硕的科研成果，完全取决于他在昨天的辛勤耕耘，潜心探索。他深有体会地说，本人如今有些收获，全靠两个老师的赐教。一个是大自然，一个是长年工作在第一线，有丰富实践经验的农民和干部。为了揭示自然界的奥秘，侯学煜教授几十年如一日，始终充满激情、不知疲倦地奔波在高山、草原、林区、田野之间。大小兴安岭，巍巍长白山，肥沃的北大荒原野，辽阔的内蒙古草原，神奇的柴达木盆地，美丽富饶的海南岛，四季飘香的江南水乡……全国除西藏和台湾，所有的省份无不留下侯学煜探索未知、万里求师的勤奋足迹。他酷爱大自然，更酷爱大自然经历了亿万年沧桑描绘出来的“天书”。大自然这个无私的母亲，也慷慨地向她这忠诚勤劳的儿子，诉说了自己的“身世”，从而使侯学煜成为一位造诣深、有建树的科学家，成为党和八亿农民的好参谋。

高山隆起平原为基，千里之行始于足下。侯家煜的成功之路，是他一步一步地、艰难地走出来的。他生长在安徽省和县城关一个清贫的教师之家，从小就爱读书，学习成绩一直名列前茅。还是上高小的时候，就显露了他那远大的志向。他曾在一篇命题为立志的作文中，写下了这样一段壮语：我的理想是由小学而初中，由初中而高中，由高中而大学，由大学而留洋。对侯学煜这样年幼志大的学生，老师很为赞赏。然而，老师倍加喜欢的还是他刻苦好学、持之以恒的上进心。为了鞭策自己，侯学煜自编了一副对联，贴在家中书桌前的墙上、写在学习用的笔记本上。上联是：对读、写、作下功夫；下联是：和书、笔、墨做朋友。他把这两句话，当作自己行动的座右铭。经过中学阶段的刻苦学习，他以优异的成绩考取了当时的中央大学，并获得安徽省教育厅的奖学金；经过大学阶段的刻苦学习，他又以优异的成绩考取了台阶高筑的，当时在国际学术界颇有影响的中央地质调查所。书海无涯苦作舟，侯学煜终于以勤奋、刻苦攻读抵达理想的彼岸。

当侯学煜从一个学生步入社会、步入科坛的时候，正是日本帝国主义者发动侵华战争的岁月。祖国的半壁大好河山被日寇侵占。被迫迁至大后方重庆的中央地质调查所，只能在西南地区进行一些工作。面对当时的现实，在中学时代受过我国著名教育家、实干家陶行知教育的侯学煜，在环境极其恶劣的情况下，坚持到大自然去考察，坚持到实践中去验证已经学过的书本知识。他回忆说，当时虽然说不上有什么进步思想，但陶校长（1926—1927年，侯学煜就读于南京安徽中学，陶行知先生为该校校长）的“行以求知知更行”、“遍览已知求未知”、“敢探未发明的新理”、“敢入未开化的边疆”、“教学做合一”的教诲，成了我一生从事科学工作的指导思想和事业上有所作为的力量源泉。

1937—1945 年的几年间，年轻、勇敢、刻苦、多谋的侯学煜徒步在贵州、四川等省的山区进行科学考察，行程达 3 万多里。每年都有 6~8 月的时间，在野外度过。年复一年，冬去春来。他每次都要采集大量的土壤标本，同时，也总要带回许多“副产品”——植物标本。侯学煜所在的土壤室不具备处理这类“副产品”的条件，他就在夫人林厚萱的帮助下，自己动手制作标签和保存植物标本的台纸。并在钱崇澍、裴鉴、单人骅、杨衡晋等植物学家的协助下，对采集来的植物标本进行鉴定和分类。由于侯学煜时时注意把精力倾注于“遍览已知求未知”、“敢探未发明的新理”，才在学术上迈出了可喜的步伐。为他后来的成就和成为成绩卓著的植物生态、地植物学家奠定了良好基础与学术上的扩展方向。

侯学煜从研究土壤开始，进而研究土壤之下的岩石，土壤之上的植物、气候、环境……渐渐形成了自己的见解：在一定的气候下，不同的岩石就有不同的土壤，不同的土壤就有不同的植物群落以及与之相适应的农业耕作制度，性质不同的土壤，在不同的海拔高度，就有不同类型的植物群落。从而发展了前人忽视土壤母岩，只强调有一定的气候以及只强调气候，而忽视在一定气候下的一定土壤就有一定的植物群落的论断。论述了在一定气候条件下岩石与土壤的关系，以及土壤与植物的关系。这些科学的探索与发现，扩大了侯学煜的视野，使他从土壤这个起点出发，跨入了一个多学科交叉的综合性的新天地——植物生态学和地植物学。他在总结这一时期的工作时，曾经这样写道：“到大自然去读没有文字的‘天书’，真是其乐无穷。我在野外考察，时时感到自然界的一草一木，仿佛都在用无声的语言对我说话。愈是注意它，研究它，就完全能够懂得它们在说什么。于是，我把指引我了解土壤、了解岩石、了解气候的一草一木，称作为‘指示植物’。”正是有了这些发现，侯学煜在青年时期就写了几篇重要科学论著；1940 年完成的《贵州省中北部之土壤》，1941 年完成的《川黔境内酸性土和钙质土的指示植物》，1944 年完成的《贵州南部酸性土

和钙性土的植物群落》。随后，他的博士论文《酸性土和钙性土指示植物的化学成分》仍然与丰富的野外生活有关。这些收获，为他今天有可能对我国农业发展战略问题，向中央提出建议，作了科学上的储备。

豺狼虎豹出没地　万里求知何所惧

到野外作地质，土壤、植物等科学考察工作，任何时候都是艰苦的。然而，在那日本帝国主义发动侵华战争，到处兵荒马乱的年代，侯学煜这一代科学家所经历的苦难和艰险，却是现在的年轻人所不了解，甚至难以想象的。

那么，就让我们沿着侯学煜教授所走过的人生之路，去寻觅几个给后人以启迪的片断吧。

1941 年的春天，侯学煜穿上妻子亲手缝制的布衣布鞋，去贵州梵净山作野外考察。梵净山植被茂盛，峰峦起伏，山势陡峭。群峰深处，有一太子沟，在那如同斧劈的悬崖峭壁间，布满了茂密的植物群落。为查明植物分布，掌握第一手科学数据，胆量过人的侯学煜决定借助绳索，下沟探个究竟。他将绳索一端拴在沟上的一棵大树上，另一端拴在自己腰上，顺着险峻的陡坡，小心翼翼地下坠到沟底。就在这次探险中，他被一种有毒的小虫咬伤，小虫钻入体内，不幸留下了终身残疾。考察结束，返回山间小庙投宿时，侯学煜给家里写了一封信、并绘制了一张太子沟探险图。妻子读着信，眼前出现一个小小的身影正顺着绳索、沿着峭壁缓缓向下滑去。她禁不住哭泣起来，眼泪顺着视线滴到信纸上，图画上。顿时，疼爱和钦佩交织在她的心中。

自然界的种种威胁，诸如风风雨雨、闪电雷鸣、毒蛇猛兽，山洪奔泻……给野外考察工作带来了许多麻烦。而在抗战时期，到处兵荒马乱，土匪出没，更给终年在野外工作的科学工作者增添了意想不到的厄运。侯学煜劫后余生，就是那个乱世的一个缩影。1943 年 6 月的一天，他在贵州省赫章县境内考察植物与土壤，途经山间小道，突然一股土匪挡住去路，衣物被抢劫一空，还被打得遍体鳞伤。当时，侯学煜感到土匪要杀人灭口，便机灵地提出求见匪首。当他被带去时，立刻直言快语地说明自己是科学工作者，到这里来调查土壤、植物，目的是帮助农民种好庄稼。侯学煜边说边展示采集的植物、岩石、土壤标本。匪首见他确实不是财主、商人，就示意放行。在那个世道，土匪杀人是不眨眼的。侯学煜明察了首匪的态度后，心想，如果这样拔脚就走，可能会遭山头上散匪的冷枪，于是，他机智地向匪首提出：请长官向部下传令，以免误会。直到匪徒们都得到了放行命令，他才不慌不忙，悠悠下山而去。

为了探索大自然的奥秘，侯学煜万里求知无所畏惧。真是有点明知山有虎，偏向虎山行的勇气。1944 年 4 月，侯学煜又和三位古生物工作者结伴出发了。然而，更大的不幸又伴随而来。他们共同在盘县工作了一段时间以后，侯学煜留下来继续考察植物、土壤。古生物学家许德佑和他的研究生马以思（女）、陈康等三人与他分手后，就向睛隆、普安一带的山区进发。在两县交界处，三位古生物工作者与土匪遭遇。一股土匪把他们运载古生物标本的箱子，当作是金银财宝。18 个匪徒惨无人道地污辱了我国第一位女古生物工作者马以思小姐之后，把三人都枪杀了。侯学煜闻讯立刻赶到普安，决心要查个水落石出，为死难者报仇雪恨。他不顾当时复杂的社会背景，也不顾个人的安危，深入虎穴，查明匪情，并受中央地质调查所的委派，向当地政府提出控告。为了迅速破案和寻找遇难者，侯学煜亲自带武装下乡进山调查，直到把匪徒们就地正法、安葬好三位遇难古生物工作者的尸体，他才拖着疲惫的身子踏上归途。途经遵义附近的茅草铺时，汽车不幸翻入路边水塘。侯学煜脱险后，刚刚上岸，就被十多个全副武装的家伙押走。这是一次绑架。匪徒示意要 3000 块钱。无奈，他只好取出名片，写上向当时迁至遵义的浙江大学地质系呼救字样。直到浙大派人前来营救时，侯学煜才获得自由。后来知道，这伙匪徒竟是大名鼎鼎的国民党特务头子戴笠的部下。

1943年6月的一天，侯学煜在贵州省赫章县境内考察植物与土壤，途经山间小道，突然一股土匪挡住去路，衣物被抢劫一空，还被打得遍体鳞伤。当时，他感到土匪要杀人灭口，便机灵地提出求见匪首。当他被带去时，立刻直言快语地说明自己是科学工作者，到这里来调查土壤、植物，目的是帮助农民种好庄稼。侯学煜边说边展示采集的植物、岩石、土壤标本。匪首见他确实不是财主、商人，就示意放行。

看透当局腐败无能　远渡重洋留学深造

当侯学煜回到重庆北碚，3位古生物工作者遇难，他本人多次与土匪路遇的事，顿时成了中央地质调查所人们议论的内容。言谈中流露出对当局腐败无能的不满。就在这个时候，很快传来了上级的通知说，到处有特务，要所里嘱侯学煜适可而止，不要再谈论了，讲多了没有好处。这个“指示”下达后，侯学煜感到十分不解，心里闷闷不乐。他想，人死了还不能说，这是什么世道！再说，多次被土匪抢劫、打伤、回到所里，生活上得不到必要的关照，全凭自己变卖家里可以变卖的东西，支撑着渡难关。一个在中央直属研究单位工作的科技工作者，境遇尚且如此惨淡，普通老百姓更是挣扎在涂炭之中了。而国民党要员的贵夫人，买一双玻璃丝袜，就是几十块大洋。侯学煜联系到自己在中学时代常读邹韬奋先生主编的《生活周刊》，渐渐懂得了、明白了当时社会的黑暗、腐败。

当侯学煜重新开始思考自己前程的时候，两个留学深造的机会几乎同时降临。一个是报考租借法案留学，一个是报考教育部奖学金留学。他想，工作既然已经无法继续下去，就横下一条心，远渡重洋留学去。他两处同时报考，两处都同时录取了。他选择了可读博士学位的教育部名额。谁知留学读书也不平静，真是一波未平，一波又起。在他收到录取通知书的同时，还收到了一份参加国民党的申请书。侯学煜对此态度明朗，行动果断，当即把那份参加国民党的申请书退了回去。他坚决表示，如果非入国民党不可，留学可以不去。于是，当局就故意刁难他。体检后，身体健壮的侯学煜，得到的竟是身体不合格、不能出国的结论。作这样结论的根据，仅仅是因为他有一只灰指甲。真是叫人啼笑皆非。经过医治，好不容易过了关。但船期毕竟被贻误了。在侯学煜从重庆飞抵印度时，由印度直达美国的客轮早已起锚远航。下一班船该等到何时呢？当地人对他说，那恐怕是几个月以

后的事了。

年方30出头的侯学煜，第一次单枪匹马踏上异国的土地，经济上又无雄厚的后援。该怎么办？独思许久，他决定找一个一边工作，一边候船的机会。工作，对侯学煜来说，是有既定追求的，那就是离不开土壤、植物、岩石，离不开大自然那本“天书”。这是1945年秋的一天，印度加尔各答大学地理系突然出现了一位中国学者。他自我介绍说：“我是中国地质调查所的科研人员，专业是研究土壤及其指示植物，现去美国留学。愿借在贵国候船的机会，作点野外考查工作。”这位中国学者就是侯学煜。

中国地质调查所，当时在世界上还是颇有影响的学术机构，经侯学煜的一番自我介绍，加尔各答大学地理系十分好客地接待了这位来自扬子江畔的同行。他们赞同侯学煜的设想，并热情地邀请他作学术报告。就这样，侯学煜在印度候船期间，又获得了三次到异国他乡的大自然去阅读“天书”的大好机会。是的，良机本来就常常是有志者的伙伴嘛！

第一次，应侯学煜本人的要求，他前往喜马拉雅山东南麓大吉岭山区，调查土壤与植物。这是印度有名的茶区之一，有250年悠久历史的茶园极多，茶园在多方面的管理上，都具有自己的传统特色。

第二次，加尔各答大学地理系见侯学煜在学术上，特别是对指示植物的研究有独到之处。因此，该系主任特地邀请他偕同系里的老师带领研究生，到吉大港一带去考察植物、土壤和平原茶园。

第三次，由于侯学煜的野外考察工作引起了加尔各答大学一位教师的极大兴趣，特地自费邀请侯学煜到他的家乡恒河中游的比哈省做甘蔗土壤调查。

惜时如金的侯学煜，一有机会总是争分夺秒地投入大自然的怀抱，如饥似渴地攻读那本过去、现在、未来都给予他知识与力量的“天书”。在印度候船的3个多月，他在工作上、生活上，得到了印度同行的很好照顾，而侯学煜也不失他们所望，给加尔各答大学地理系师生作了很好的学术报告，还写了《印度的茶园土壤及其管理》和《印度喜马拉雅山植物和土壤的垂直分布》两篇论文。侯学煜教授如今特别珍惜他与印度同行合作的那段经历。他深情地说："这一束友谊之花，将永远开放在我的心中。"

1942年2月的一天，侯学煜在印度朋友的帮助下，登船远航。抵达大洋彼岸以后，他入美国宾夕法尼亚州州立大学深造。请听听侯学煜本人对这段学习生活所作的描述吧：从中央大学农学院毕业，到中央地质调查所参加土壤研究工作，是从书本走向大自然，也可以说是理论与实际的结合；到大自然读了几年"天书"之后，又获得机会留学深造，这便是在认识、实践基础上的一次提高，是向更高目标飞跃的新起点。侯学煜进入宾夕法尼亚州州立大学的时候，已是30出头的人了，这在当时的留学生中，称得上是老大哥啦。然而，有志不在年高。也许是这样的原因，他更懂得时间的珍贵，绝不让一寸光阴在自己身边悄悄流失。入学以后，侯学煜以艰苦的生活，迎接刻苦的学习。这么勤奋好学的学生，很快引起了他的导师和其他教师的关注。他钻研问题，可以不分白天黑夜，也不分周末和假日，一进实验室，可以无休止地干下去。老师对这样的好学生，既喜欢又心疼。他们怕侯学煜累垮了，每逢假日常常亲自驾驶小车带他到郊外去散心，欣赏自然风光。就是在这样的时候，他也还是趁游览之机，贪婪地读美洲的"天书"。

功夫不负有心人，有志者事竟成。侯学煜只用一年时间，读完了硕士学位；再用两年时间，又获得了博士学位。因为他治学严谨，成绩优秀，学校决定聘任他留校做教学研究工作。这时，侯学煜的夫人林厚萱也获准到美国留学。大洋两岸的朋友，都为他们夫妻即将双双比翼齐飞表示祝贺！

祖国利益高于一切　喜闻佳音归心似箭

路要靠自己走。此刻，展现在侯学煜夫妇面前的路，是直？是弯？

是铺满鲜花？还是……他还顾不上去思索，也很难预测。然而，对于一个博士，一个在发达国家高等学府任职的学者来说，在学习、工作、生活诸方面，都会得到一定的满足，当然用不着自己动手裱糊“台纸”和靠变卖衣物度日了。难道侯学煜就此而满足了吗？不，他们有更远大的理想和抱负。他们的心中每时每刻都在惦记着祖国，思索着祖国的前途和命运。后来，他们用自己对于祖国的奉献，表明了炎黄子孙坦荡的胸怀和祖国高于一切的觉悟。

1949 年春天，林厚萱女士根据丈夫的安排，从南京飞抵澳门，准备从这里改乘轮船去美国。就在她候船的时候，侯学煜突然从美国发来电报。电文的大意是，决定回国效劳，嘱妻子在澳门等候。这时，解放战争正以排山倒海之势向全国推进，神州大地处在黎明的前夜，新中国的诞生指日可待。在这个“天翻地覆慨而慷”的历史时刻，心怀敌意的有之，仓皇出逃的有之，而身居异国，处境优裕的侯学煜，却出于对革命事业的信赖，果断地作出了游子回归的决定！

1950 年 1 月 13 日早晨，“克利夫兰”号海轮在九龙码头靠岸。等候在码头上的林厚萱，张大眼睛把目光从船头扫到船尾，渴望尽快地在甲板上发现久别的丈夫！两双期待的目光，终于聚在一起了。此刻，他们仿佛感到自己是世界上最幸福的人。因为他们即将回到祖国母亲的怀抱。侯学煜，和同船回来的学者，受到中国科学院代表的亲切接待。亲人代表祖国热烈欢迎大家，并介绍了新中国的情况。

当晚侯学煜刚刚在九龙饭店住下，忽然有一位老乡来访。此人，侯学煜夫妇过去曾经相识。他一直在国民党特务系统混事。他来干什么？不出所料，原来是专程前来动员侯学煜夫妇去台湾任职。侯学煜态度鲜明，当面指责国民党腐败无能，表明自己绝不去台湾。那些天，侯学煜夫妇常遇到“老乡”、“同学”没完没了的纠缠。然而，谁也未能动摇他们报效祖国的赤子之心。

就在新中国诞生后不久，侯学煜果真归来了。当他见到祖国亲人时，总是深情地说，我在国外从报纸上了解到祖国的变化，就等着这一天呀。我学习土壤、植物，就是为了合理开发大自然的资源，就是为了为祖国效劳。

回归祖国三十六载 著书立说七百万言

侯学煜于1950年1月回到祖国首都北京，当即受聘到中国科学院植物研究所工作。不久，他主持组建了中国的第一个植物生态研究室。他是我国在这一学科领域的奠基人和开拓者。

当他回忆起抗战时期在中央地质调查所工作时，因日本帝国主义侵占了我半壁河山，只能冒着来自多方面的威胁，在兵荒马乱的大后方做点野外考察工作，深感如今天地广阔，大有作为。侯学煜教授曾这样写道：祖国的土地面积占世界第三位，比苏联、加拿大小些，比美国稍大一些，集寒温带、温带、暖温带、亚热带、热带于一国。而各地都有高山、大川、平原。这样的地理位置和地形所联系的复杂气候和地质、土壤结构，是别的国家所没有的。世界上幅员辽阔的苏联和加拿大，只有寒带、寒温带和温带。美国则是寒温带、温带国家。看来，大自然赋予我们的条件是得天独厚的。这说明，我国大自然这部“天书”的内容，是极其丰富的。它使我们植物生态工作者大有用武之地。

为了了解大自然，合理开发自然资源，实现生态平衡，侯学煜回国后，于当年春天，就两次到河北省沿海地区研究盐碱土的指示植物；随后又转向东北三省考察植物、农作物分布与土壤的关系；1951年到内蒙古、浙江、江西、湖南；1952年到广东、江苏、河南、河北、陕西；1953年……他几乎每年都要拿出一半左右的时间在野外工作。如今，侯学煜教授已年过古稀，尚有疾病缠身，仍然坚持野外考察。他常说，生命可数，“天书”无限，搞植物生态离开了大自然，就等于植物离开了土壤、鱼儿离开了水。

看来，干我们这一行的和行医一样，工作时间长了，实践经验有了，发言权也就多了。我们是靠两条腿走出一条路来的。侯学煜回国

以来，除十年动乱中靠边站的几年外，他没有离开过大自然，他足迹未及的仅剩下二处，一个是西藏，一个是台湾。他走过的路程、到过的地方、进行的科学考察、写下的学术论著、对人民所作的贡献，比起我们历史上著名的地理学家、旅行家徐霞客来，是毫不逊色的。

一分耕耘，一分收获。胜利之花偏爱为不畏艰险的勇士而开。侯学煜的科坛生涯，取得了举世瞩目的成就；出版了专著十多部，论文和植被图 300 余篇。其中《中国境内酸性土、钙性土和盐碱土的指示植物》《中国植被地理及优势植物化学成分》《生态学与大农业发展》《中国的植被》《生态地理学的内容任务概念和研究方法》《中国植被地理》《中国植被、土壤图》《中国 1∶400 万植被图》等专著、论文、植被图，都引起了国内外同行专家的注意和重视，有的赢得了很高评价，有的在全国科学大会上获奖。写到这里，我们不禁怀着崇敬的心情，对侯学煜教授的工作量作一点粗略的统计。他的专著 10 多部，每部 20 万字、30 万字、60 万字不等，以 30 万字计，就是 300 万字；他的论文，每篇以万字计，300 篇又是 300 万字；他到各省考察，都要作学术报告，发表咨询性文章，长则上万字，短则数千字，加起来上百万字只多不少，总数约计 700 万字。36 个春秋，大致每年著书立说十多万言。那么，在这期间，他每年都有半数时间到自然界去考察，总的行程该有多少万里呢？因手头没有必要的原始数据，这就留给读者自己去思考吧。

来自大自然的诉说　发自侯学煜的心声

恩格斯在《路德维希·费尔巴哈和德国古典哲学的终结》一书中，曾经这样写道：“动植物体内所产生的化学物质，在有机化学把它们一一制造出来以前，一直是这种‘自在之物’；当有机化学开始把它们制造出来时，‘自在之物’就变成了‘为我之物’了。”恩格斯的话，向我们阐明了这样一个道理，即科学工作者，可以通过自己的研究工作实践，掌握并自觉运用事物发展的规律性，然后便可把自然界的

“自在之物”，变成造福于人类的“为我之物”。侯学煜教授几十年如一日，孜孜不倦地到大自然去读“天书”，聚精会神地探索大自然的奥秘，正是为了实现造福人类这个崇高的目标。

粉碎“四人帮”之后，我们党在具有伟大历史意义的十一届三中全会上，提出了把全党、全国的工作重点转到经济建设的轨道上来。这一顺民心，合民意的决策，拨动了10亿人民的心。此刻，侯学煜教授的心情是激动的，不平静的。党的实事求是，拨乱反正的主张，使这位走遍了中华大地的学者，沉浸在为祖国山山水水、一草一木合理利用，为解决10亿各族人民吃饭问题的思索中。

这是20世纪80年代的第一个新春佳节。爆竹声此起彼伏，礼花映红天际……就在这个热热闹闹的时刻，在中关村一幢楼房的三层，有一扇窗户的灯光彻夜通明。原来是侯学煜教授在书房里伏案疾书。他要把几十年考察、研究自然界的心得，凝聚在如何看待发展农业生产上，如何看待粮食增产问题上，这可是在中国特定历史条件下，酿成的一个极其敏感的问题。然而，他凭借自己对十一届三中全会正确方针的理解和信赖，凭借一个了解、熟知祖国自然资源的科学家的一颗真诚的心，决定上书中央，阐明自己对于这些事关国计民生的重大问题的见解。

侯学煜教授在灯下思考着，曾经多次亲自考察过的一条条山脉、一湾湾溪流、一行行树木、一片片庄稼……仿佛在他的回忆中交替出现。多好的土地，多好的人民啊！在一个违反科学的口号制约下，生态环境破坏了，群众生活贫困了……他终于理顺了自己的思路，并顺着这个思路写下去，20世纪50年代早期，我国粮食并不太紧张，但自1958年以后，直到1997年，不仅粮食的进口数量一年比一年增加，而且食糖、食油、棉花、羊毛、牛皮也都要进口。这是什么原因造成的呢？除了人口增加外，更重要的原因，是在“大跃进”以后，特别是在十年动乱期间，全国强行推行一个违反科学规律的“以粮为纲”的口号。在这个口号下，到处毁林种粮、毁草种粮，围湖种粮、围海种粮……可是粮食反而没有搞上去。

作为一个实践经验丰富，学术上造诣很深的植物生态学家，侯学煜对此是很清楚的：森林、草原、湖泊和海洋，都是由动物、植物、微生物等生物成分和光、水、土、气、热等非生物成分所组成的。每一个成分都不是孤立存在的，而是相互联系、相互制约的，从而形成一个统一的、不可分割的自然综合体系，这就是我们平常所说的生态系统。

侯学煜教授对生态系统诸成分相互制约关系，作出了科学而又生动的描述：

破坏了森林，林中的动、植物就无以生存，因而就破坏了生物资源宝库，森林又称绿色蓄水库，破坏了绿色蓄水库、森林下面的农田，自然易发生水旱灾害。

草原是牛、马、羊的饲料基地，毁草种粮，牲畜无以为食，种了庄稼连种子都难以收回。燎荒后牧场长起连牛羊都不吃的臭蒿（一种野草），草场退化又为鼠害、虫害的发生创造了条件，还会引起土壤沙化、盐碱化。

湖泊原是自然界中天然形成的蓄水库，围湖造田后，湖面缩小，减少了自然蓄水量，削弱了抗旱防涝的能力，又缩小了鱼虾等水产资源赖以生存的水体。许多湖泊原来盛产芦苇、芡实、茭瓜、莲藕等植物和野鸭、天鹅、仙鹤等野生动物。围湖后，这些动、植物就失去了生存和生活条件。

围海造田，必然破坏海边的红树林，毁了红树林，鱼、虾、蟹就失去生存、繁殖的环境。红树林还能挡风阻浪，是海堤和堤内农田的天然卫士。围海造田，不仅劳而无获，反而破坏了海防、水产和农田。

那么，侯学煜教授的主张是什么呢？他在上书中央的建议中，慎重地认真地表达了自己的意见。他写道：解决我国当前10亿人口的吃饭问题，除了按经济规律办事，纠正与生产力不相适应的生产关系外，

侯学煜在上书中央的建议中，慎重地认真地表达了自己的意见。他写道：解决我国当前10亿人口的吃饭问题，除了按经济规律办事，纠正与生产力不相适应的生产关系外，首先要树立"大粮食"观点，要打破粮食只限于水稻、小麦、玉米等以淀粉为主的禾本科粮食的狭隘看法……有了这个"大粮食"观点，就不会再干围湖造田、毁林开垦山地、破坏生态平衡的蠢事了，也不致违背因土种植的规律了。

首先要树立“大粮食”观点，要打破粮食只限于水稻、小麦、玉米等以淀粉为主的禾本科粮食的狭隘看法。要从人体的健康需要出发，除了发展满足热量的淀粉粮食以外，还需要发展含动物蛋白质的肉、蛋、奶、鱼等，发展植物蛋白质，植物油以及蔬菜、水果、食糖等粮食。因此，在东北种大豆和甜菜等，在华北种大豆、花生，在南方种油菜、花生，在华南种甘蔗，就不能误认为不种粮食，更不要把湖泊养鱼、蟹、虾和野鸭，湖边种莲子、菱角、芡实、茭瓜等，算作粮食以外的东西。另外，对油茶、板栗、核桃、柿子等木本油粮，也都要加以重视。有了这个“大粮食”观点，就不会再干围湖造田、毁林开垦山地、破坏生态平衡的蠢事了，也不致违背因土种植的规律了。

侯学煜认为，增产粮食的途径不在于强调扩大水稻、玉米、小麦的种植面积和复种指数，而在于单产的提高，重视集约经营。根本问题是要落实发展农业的正确方针，靠政策，靠科学。

……

连续几个难眠的夜，一份触及我国农业发展战略的文稿写成了。这是发自侯学煜教授心底的声音。大粮食、大农业观点像一把金钥匙，打开了党和八亿农民为明天的农业发展而思考的大门。

* * *

侯学煜的路，是用辛勤的汗水，惊人的毅力，坚韧不拔的奋斗精神和真诚、坦荡、直言不讳的科学道德铺垫出来的。在这条有欢声笑语，也有艰难险阻的路上，他走呀，走呀，终于走出了一条成功之路。

侯学煜的贡献

20世纪30年代后期,侯学煜发现了酸性土和钙性土指示植物。在美国攻读学位和从事研究工作期间,发现了一些酸性土指示植物富集锰和铝。1954年,他完成了《中国酸性土、钙性土和盐碱土指示植物》一书,成为中国科学院建立以来的重要成果之一,1978年在全国科学大会上获奖。40多年来,他写有专著十余本,论文与植被图约300篇册,是编制中国植被图的创始人。

1981年3月6日,他在《人民日报》上发表了《如何看待粮食增产问题?》一文,提出了大粮食、大农业观点,引起了中央的重视,认为他的学术见解,触及了我国农业的发展战略。

成才之路就在自己脚下

——记高能物理学家张文裕

孟东明

实验是理论的源泉，科学的根本。不重视科学实验，科学理论就会成为无源之水，无本之木。没有科学实验，也就没有科学理论。

——张文裕

张文裕（1910—1992）

张文裕简介

张文裕（1910—1992），曾用名张少岳，福建省惠安县人。曾任全国人大常委会委员、中国科学院学部委员、中国科学院高能物理研究所名誉所长、中美科技合作委员会高能物理分部中方首席代表。

他依靠半工半读，先后就读于福建泉州培元中学和燕京大学物理系，1932 年留任燕大当助教。1934 年被录取为英庚款的留学生，在英国剑桥大学卡文迪许实验室当卢瑟福的研究生，1938 年获博士学位。

1938 年回国后，先后在四川大学、西南联大、云南大学任教。1943 年秋赴美，先后在普林斯顿大学、普渡大学任客座教授，并从事实验核物理研究。

经过 7 年艰苦斗争，张文裕与其夫人王承书于 1956 年回国。先后就任中国科学院原子能研究所副所长、莫斯科杜布纳联合核子研究所中国组组长、中国科学院高能物理研究所所长，并于 1978 年 6 月加入中国共产党。

张文裕教授，从他步上科坛之日起，已为中国的科学、教育事业奋斗了一生。

20 世纪 30 年代，他作为原子核物理学的开山大师、诺贝尔奖金获得者卢瑟福的弟子，倍受导师的器重，获得了不少富有创造性的成果；

40 年代，他作为西南联大的教授，诲人不倦地从事教学工作，致使他的学生杨振宁教授到了 20 世纪 80 年代，还不忘张文裕教授在关键时刻对自己的指点之恩；

50 年代，他以确凿的研究，发现了“μ 介子—原子”，从而在高能物理学史上第一次以中国人的名字命名了这项科学发现；

60 年代，他致力于创建当时在世界上最高、位于我国云南的高山云雾科学实验站的工作，从而为我国在宇宙线研究方面的新发现奠定了基础；

70 年代，他不顾“四害”肆虐的重压，与一批科学家一起联名上书周总理，为发展我国的实验科学不遗余力地奋斗；

80 年代，他不顾年迈有病，即使重病缠身，仍在病床上执笔挥毫，向全国人民代表大会提议案，呼吁“重视科学理论与科学实验的结合，重视科学事业与教育事业的结合……”

当时他是全国人大常务委员会委员，中国科学院高能物理研究所名誉所长，中国科学院学部委员。

这位著名的学者，无疑是一位成功者。然而，人们未必知道，他出身于贫苦农民家庭，靠着半工半读踏上科学道路的。

笔者有幸多次聆听这位长者的当面教诲。现在我把他的奋斗之路，成才之道，以及他对当代青年寄予的厚望记录下来。这对于人们、尤其是渴望成才的青年们，当是不无教益的。

“一个人能有良好的成长环境，当然是可喜的。但总的来说，人生的成长途中难免有种种困难和不适。从总体来说，困难更能磨炼人。

青年人要敢于面对困难，战胜困难。”

——张文裕教授的这番话，用他小学、中学时代的经历来说明，是最形象不过的了。

1910年，张文裕出生在福建省惠安县东南部一个沿海山村的贫苦农民家庭中。父母辛辛苦苦耕种着几亩贫瘠的山地，拉扯着他们8个兄弟姐妹，生活过得十分艰难。张文裕的爷爷看着儿孙们生活困苦，就把排行老四的张文裕带在自己身边，好减轻一点儿子、儿媳的负担。

夏日的夜晚，张文裕和爷爷常常躺在门板上，面对着广阔无垠的夜空乘凉。那阵阵松涛交织着拍岸的海涛，在他耳边此起彼伏。那闪烁的繁星和不时划破夜幕的流星，在他眼前展现了一幅奇丽而神秘的图画。张文裕对大自然发生了浓厚的兴趣。对张文裕提出的种种“为什么”，他爷爷渐渐回答不上来，张文裕也慢慢感到不满意、不满足了。

到该上学的年龄了。张文裕看到富家子弟背着书包上学的神气劲儿，羡慕极了。然而，家里连温饱都难于解决，哪来钱供他上学？张文裕知道爷爷爱他，便不断缠着老人：“我要读书！”爷爷深知没有文化之苦。他认为，张家所以祖祖辈辈吃尽苦头，就是因为没有文化。当这个“小四”的孙子诞生时，他就指望这个“小四”能精通笔墨，知书达理，好改换门庭。“文裕”这个名字就是他起的。这是他的美好愿望。可是，固执的儿子却怎么也不让张文裕上学。

在爷爷的强制下，张文裕的父亲终于把张文裕送进了私塾。两年后，他又进了惠安县城的小学。每天，他来回要走20几里山路。他穿小径，过峡谷，攀悬崖，越溪流，风里来，雨里去。虽然物质生活十分清苦，但精神生活相当愉快，他学到了闻所未闻的道理，尤其在自然知识、算术中找到了无穷的乐趣。

小学毕业后，张文裕考取了泉州培元中学，他的眼界又大大开阔了。然而，家境却越来越困苦了。在贫病交迫中，一个哥哥，两个姐姐相继离开了人世。一天，他父亲让两个叔叔专程到泉州找他，说他妈妈病重，让他赶快回家。张文裕深深地爱着他的母亲。他知道母亲操劳过度，腿经常肿得很厉害。他立即日夜兼程步行 40 多里路，匆匆赶回家中。一看，母亲并没有被重病缠倒，他生气了。谁知父亲比他更生气："你这辈子没有念书的命，你就死了这条心吧！"说完，不容分辩地把他关了起来，而且扬言要立即给他成亲，让他真正死了读书的心。

夜深人静，万籁俱寂。张文裕躺在床上，辗转反侧，怎么也无法入睡。科学知识的海洋是那样使他神往，泉州这个"门户开放"的城市里那些耀武扬威的洋人，是那样令他气愤。老师们告诉他，只有科学才能救国，他曾立志要用科学来拯救受人欺侮的祖国。可是，现在却成了囚徒……他乘家人正在鼾睡之中，蹑手蹑脚地爬下床来，悄悄把窗户撬开，越墙逃离了家庭。

完全断绝了家庭经济接济的张文裕，这个才十三四岁的少年，在举目无亲的泉州城里，不仅要完全靠自己的劳动来养活自己，而且还要坚持上学，这是何等的艰难。可是，张文裕竟坚持下来了。他一边读书，一边去给人当苦力。两年后，他又到泉州城近郊的小学里去教了半年书，终日奔波于小学和中学之间。就这样，他勉勉强强地念了三年半中学。

张文裕的坚强毅力和刻苦学习精神，受到了培元中学师生，特别是物理教员和校长的赏识。校长对他说，如果他能考取大学，校方将每年供给他 50 元助学金。临到考大学时，校长和物理教员推荐他去考燕京大学。燕京大学物理系主任谢玉铭教授（即现在上海复旦大学校长谢希德教授的父亲）是他们的同乡和前辈。临行前，两位师长给张文裕写了一封推荐信。信中说他虽然没有毕业文凭（因没有全部读完中学课程），但成绩优异，精神可嘉，希望燕大能让他以同等学历参加入学考试……几位同学又凑出 20 元路费给他。就这样，张文裕又匆匆踏上了北上的征途。

“生活清苦没有什么，重要的是要有所追求；人间的冷眼也没有什么，关键在于要有志气。

为了科学，我经历了人间的种种苦楚，正是科学，使我尝到了无穷的乐趣。”

——张文裕教授的这一席话，是他大学生活的简要总结。现在的大学生们，是难以想象20~30年代像张文裕这样的穷大学生的生活的。温故而知新。了解老一辈科学家成才途中的艰难困苦，对青年们珍惜当今美好的现实，是有益处的。

1927年的夏天，张文裕肩挑一卷简单的行李和一捆书籍，从厦门上船，到了上海，又从上海搭船到了塘沽，再乘火车直奔北平。一路上，他睡甲板，蹲过道，风餐露宿，恨不得一个铜板掰成两半儿花。当他风尘仆仆、蓬头垢面地挑着行李步行到西郊燕大校园，找到谢玉铭教授家时，已是午夜时分。谢教授在惊喜之中为难地告诉他：“你路上耽搁的时间太长，考期已过去了！”这瓢泼似的一盆冷水，使闷热、饥饿、困乏、焦虑的张文裕，遍身打了一个寒战，他惊呆得不知所措。

谢教授是位热心肠人，他深切同情这位克服了重重困难，千里迢迢地赶来北平的晚辈同乡。他劝张文裕不要着急，先放下心来，一切由他来张罗，天无绝人之路嘛！为了解决生活的燃眉之急，张文裕在谢教授的推荐下，进了一家皮革厂当学徒。白天，他卖命干活，千万稳住一只饭碗；晚上，他挑灯夜战，抓紧时间复习功课，以准备补考。

经过谢教授的周旋，校方答应让张文裕补考。结果，他如愿以偿，考取了燕京大学物理系。

科学的大门向张文裕敞开着。他在物理学的殿堂里自由自在地漫游着。这时，他感到万分称心如意，乐趣无穷。可是，当他从科学的天国回到现实的人间生活中时，又是那样的窘困。

燕大，历来是富家子女的乐园。现在，这个夏天终日光着脚丫，冬天还穿着单薄而寒酸衣衫的贫苦农民子弟，竟闯进来了。他会遇到什么样的眼光，受到什么样的嘲讽，人们是可以想象的。为了少交房租，他住进了楼顶的行李间。这里空气里弥漫着霉味，除了一支光线昏暗的电灯，白天没有一丝光线。夏天闷热得像蒸笼，冬天寒冷得像冰窖。他咬着牙，挺着，挺着，挺了1700多个夜晚。为了解决吃饭问题，课余饭后他常常头顶烈日，或冒着风沙雨雪，在学校的农场、果园里操劳。夜深人静了，他在过道的路灯下借同学的书抄啊，不停地抄，为的是可以省下书费开支。上课了，他往往困得眼皮直打架，不停地在手上用针扎，手指上布满了一个个的血点。有时为了抢种、抢收，难免要脱课，他就要靠自己苦苦钻研，把落下的课程补回来……

一年后，母校培元中学由于经费拮据，接济张文裕的50元助学金被取消了。张文裕乘暑假之际，卷起铺盖，再整点一下冬衣，往当铺的高柜台上一放，换来几块钱，匆匆搭车到了内蒙古的河套地区。那里正在搞开渠引水工程。张文裕在工地上或当小工，或当工程师的助手，耗力竭智，一个暑假挣几十元钱。临近开学，又匆匆赶回来，再从当铺把被褥，冬衣赎回来……

就在这样的艰难困苦之中，张文裕还是以优异的成绩，在1932年结束了他的大学生涯，并被燕大留下当了一名助教。对此，张文裕感慨万端地说：“从名义上说，我是科班出身的正规大学毕业生；但严格地讲，我一半是靠自学的，自学是成才的重要道路啊！”

“中国人绝不比外国人笨，我们要有这个自信心。出国留学，学一技之长，为的是报效祖国。国家兴亡，匹夫有责。忘了这个责任，就有辱于炎黄子孙。”

——张文裕教授的这些肺腑之言，是他对赴英留学和回国后经历的深刻概括。

1934年，张文裕又以出色的成绩被录取为英庚款公费赴英的留学

生，进入英国剑桥大学研究生院深造。

剑桥，闻名世界的大学城，是科学巨匠牛顿开拓不朽业绩的科学圣地。当张文裕来到剑桥研究生院卡文迪许实验室当研究生之际，正是原子科学进入最为动人的发现之时。在这里，恰得威克在1932年发现了中子，人们由此掌握了打开原子核大门的钥匙，使原子科学研究揭开了新的一页。这里，人才荟萃，群星灿烂。卡文迪许实验室主任是名噪世界的原子核科学的奠基者之一的卢瑟福教授。从实验核物理到理论核物理，以至实验设备、手段的研制，都有着一大批著名学者。如云雾室的发明者威尔逊，高压倍加器的发明者范德拉夫，都是诺贝尔奖金获得者。张文裕来到这里，真是登上了辉煌的科学殿堂。

张文裕是经人介绍来报考威尔逊的研究生的。可是，威尔逊年事已高，他已决定不再带研究生了。张文裕见到他时，这位老科学家和蔼地建议年轻的中国学生去考卢瑟福的研究生。张文裕有些为难：卢瑟福是实验室主任，他对学生要求之高是人所共知的；况且，自己一开始并没有找他，他会不会不高兴呢？张文裕壮着胆，径直去找这位名教授。不料，卢瑟福不但不介意，而且还很热情。不过，由于张文裕没有中学文凭，所以不但要考大学课程，而且还要考中学的课程。经过一番严格的考试，张文裕被录取了。

卢瑟福在早年，就发现了镭的两种辐射——他亲自将它们分别命名为 α 射线和 β 射线；随后，他又与人完成了震动世界科坛的 α 粒子散射实验，证实了原子核的存在，并建立了至今仍作为原子核能标志的原子有核行星模型；以后，他又第一个用人工的方法，使自然界中一种元素的原子核转变为另一种元素的原子核。在这样一位声名卓著的诺贝尔奖金获得者的指导下，张文裕打下了坚实的物理实验基础，掌握了一系列实验技巧，同时在理论上也有了飞跃的进步。他学会了制造并运用云雾室和计数器进行核物理实验的本领，他能娴熟地运用核乳胶这种简单而又可靠的实验手段，捕捉来自茫茫宇宙间粒子的径迹。在两三年内，他或由自己，或与同学合作，接连在英国皇家学会

卢瑟福尽管工作十分繁忙，但每周总要当面听一次张文裕的汇报，然后详加指点……卢瑟福对张文裕的治学态度十分满意。有一次，他感慨地说：“在我带的外国留学生中，中国学生学习最主动、最刻苦！”张文裕以自己的行动，在剑桥为祖国争得了荣誉。

会刊和其他期刊上发表了十来篇有关核结构、核反应特性、新放射性同位素的产生等方面的论文。

卢瑟福尽管工作十分繁忙，但每周总要当面听一次张文裕的汇报，然后详加指点。卢瑟福不仅治学十分严谨，而且为人非常谦和、民主。逢到重要节日，他总要把外国留学生请到自己家里吃饭，而且席间还要做捉迷藏之类的游戏。谁输了，谁就要受罚，卢瑟福自己也不例外。对此，卢瑟福夫人往往要埋怨卢瑟福不分辈分、场合，但这位出生于新西兰的科学家毫不在乎，毫不介意。张文裕受到这种气氛的熏陶，他一向内向的性格似乎也有了变化，更主要的是，他懂得了作为一个导师，应该怎样去关心、爱护自己的学生。

正当张文裕紧张准备博士论文时，“七七”事变的炮声传到了剑桥。潜心钻在核物理中的张文裕被惊醒了。祖国在遭受侵略者铁蹄的蹂躏，同胞在遭受侵略者刀枪的杀戮。一个热血青年，怎能只管埋头科学，听任侵略者横行？他奋笔疾书，立即写信回国，要求回来从军，抗击日寇。然而，主管留学生的国民党官僚朱家骅答复道：不得到博士学位，不许回来！忧心如焚的张文裕，立即用自己省吃俭用节约下来的钱，自费到欧洲大陆考察，并到德国柏林 AEG 公司学习防空用的探照灯技术。他认定这一技术在国内痛击日机时，非常有实用价值。

第二年冬天，张文裕在获得博士学位后，迅即远涉重洋，取道西贡、河内、昆明，到达了贵阳。还在他回国之前，他通过同学介绍，已给设在桂林的国民党防空学校校长黄震球写了信，希望能把自己在欧洲学到的防空技术，为抗战服务。可是，他在贵阳一连等了 40 多天，得到的答复竟是叫他“另寻高就”。投身抗战不成，处于苦闷之中的张文裕经吴有训教授介绍，到了成都，在四川大学物理系教书。这时的川大被国民党党棍程天放把持着，校园内一片乌烟瘴气。血气方刚的张文裕为不满学生作弊而直接与程天放顶撞起来，结果他愤然拂袖而去。

接着，张文裕在昆明执教于西南联大物理系，并应云南大学校长熊庆来之聘，兼课于云大物理系。他在国内第一次开设了原子核物理的课程，把世界上当时的前沿科学向学生们传授，深受学生们欢迎。他还与赵忠尧教授四处张罗，购买废铜烂铁，想建起一台静电加速器。然而，昆明同样乌云密布，国民党特务磨刀霍霍，师生们食不果腹，哪里还谈得上开展科学实验呢？

还在 1939 年 8 月，在吴有训教授的主持下，张文裕与燕大的同学王承书结了婚。可婚后的王承书找不到任何工作，没有一点出路。在万般无奈之中，她于 1941 年经人推荐在美国获得了奖学金，留学去了。张文裕坚信：祖国总有一天需要科学。为了谋求生计和继续从事科学研究，他在 1934 年秋，再次漂洋过海，经印度、北非、巴西，最后到达美国。

“一个合格的科学研究人员，不仅要有广博精深的知识，而且要养成严肃认真、深入细致的科研方法，树立诚实的、实事求是的科学态度。否则，是断然不可能取得什么建树的。”

——张文裕教授的这些观点，曾反复向青年们这么说过。这是他在科研实践中总结出来的成功之道。

1944 年春，张文裕来到美国的普林斯顿。

位于纽约附近的普林斯顿，民风纯朴，林木葱郁，环境优美。普林斯顿大学和普林斯顿高等研究所的房屋，互相交织地构成了这座大学城的中心。普林斯顿高等研究所，是由美国的一名教育家，在请到爱因斯坦这位科学巨匠之后，专门建立起来的。爱因斯坦于 20 世纪 30 年代初离开德国后，成了这所高等研究所的终身研究员。被人称为美国“原子弹之父”的奥本海默博士，战后主持着这个高等研究所。普林斯顿大学的许多教授，往往也就是高等研究所的研究员。张文裕在普林斯顿大学当了 7 年客座教授，他一边带研究生，一边从事科研工作。这是他科学生涯中的黄金时代。

从19世纪末到20世纪初，科学家们发现，宇宙中存在着宇宙射线。这是一种高速、高能的粒子流。于是，众多科学家竞相设法捕捉这种粒子流，用它作炮弹来轰击原子核，从而研究原子核的结构、相互作用和各自的性质。在高能加速器发明之前，对宇宙线的研究就是当今高能物理学的发端。当然，这种研究颇有点像“守株待兔”。因而，物理思想是否活跃和清晰，实验手段是否巧妙和严实，分析研究是否严谨和求实，往往是“捕兔”能否成功的关键。

从原子核物理领域来说，当时科学家把已发现的粒子分为三大类：质子、中子由于质量较大，所以称为重粒子；电子、正电子、中微子等称为轻粒子；介于这两者之间的，则称为介子，如1937年从宇宙线中发现的 μ 介子，以及随后发现的 π 介子，重介子，等等。

在一个原子的内部，根据实验和理论分析，科学家们认为存在着四种作用力：万有引力、电磁力，强相互作用力、弱相互作用力。在粒子世界，粒子家族的成员是何其繁多，它们之间通过这几种力的相互作用和转化，使小小的原子，尤其是原子核，出现了剪不断、理还乱的无穷繁纷复杂的变化状况。1946年，世界上不少科学家认为，μ 介子会与原子核发生强烈的相互作用。不久，传闻苏联也在通过电磁透镜聚集这种介子，研究这种介子与物质相互作用，甚至说这种作用还会引起核爆炸。在领导原子弹研制上获得极大成功的美国政府，在得到这类消息后，立即拨款给普林斯顿大学，要求马上开展这一研究。普林斯顿大学物理系委托张文裕组织人马进行这一研究。

张文裕操起了在英国留学时学到的云雾室和核乳胶的制作、使用技术。原来，当一颗高能量的宇宙线粒子射入水蒸气处于饱和状态（即成云雾状）的云雾室时，这颗粒子立即打破了原有的平衡状态。如果这时候云雾室发生膨胀，那么，在沿着这颗粒子走过的道路上所产生的离子，就会凝聚起一串水珠来。这样，粒子与原子核的作用过程，就可用云雾室来观测，并可用核乳胶记录下来。

张文裕对 μ 介子与原子核的实验结果，概括如下：

他第一次明确证明：μ 介子是一种非强作用粒子，它不会使原子核发生爆炸。

他还发现：带负电荷的慢 μ 介子，在与原子核作用时，就会像电子一样围绕着原子核在定态轨道上运动，形成 μ 介子—原子，而当这种 μ 介子由高定态轨道跃迁到低定态轨道时，其能量就会以电磁波的形式辐射出来，即 μ 介子跃迁辐射。

这一发现具有重大意义——因为负 μ 介子的质量要比电子大 200 倍，它被带正电荷的原子核俘获时，形成的轨道比电子更靠近原子核，即在电子与原子核之间形成一个特殊的原子——μ 介子—原子。这样，就可以通过测量 μ 介子—原子在跃迁时放射的电磁波情况（主要是波的长短），并通过与理论相比较，可以更精细地研究原子核的结构。

从 1948—1954 年，张文裕先后发表了数篇这些研究结果的论文。他的发现，引起了核物理学界的广泛注意。有人称赞，但也有人怀疑。有人说："美国政府下达的课题，竟由中国科学家来解决了？""中国人能作出这样的发现吗？"……

科学的事实是不容抹杀的。张文裕的发现，在 1953 年为高能加速器上的实验得到了确凿无误的验证。至此，以"张氏原子"命名的"μ 介子—原子"，以"张辐射"命名的"μ 介子辐射"载入了高能物理的史册。μ 介子—原子及其电磁辐射，至今仍成为科研人员研究核结构和物质的化学结构的主要途径和方法之一。

"在麦卡锡主义、联邦调查局的迫害下，我虽然备受折磨，但由于心中有了祖国，促使我坚持斗争。我生为中国人，死为中国鬼，无论如何也不加入美国籍。我的家在北京，我要回到我的祖国。"

——张文裕，以他的名字命名的 μ 介子—原子及其辐射，载入了科学史册。然而，他的这些科学成就，竟是在麦卡锡主义迫害时期，在美国联邦调查局的"保护"下搞成的！他的这段话，集中表现了一个中国科学家的爱国主义精神。

1949年前后，祖国大陆上展开了一场光明与黑暗、正义与反动的大搏斗。天津告捷，北平和平解放，我军挥师渡江，直捣蒋家王朝老巢，上海红旗飘扬，故乡福建高奏凯歌……那飞越重洋、接踵而来的电波，使张文裕和他的夫人王承书无比欢乐。

1949年10月1日中华人民共和国宣告成立的消息，进一步鼓舞了张文裕。他不仅决定尽快回国，而且还打算把中国在美的学者联合起来，让尽可能多的人回国去！他认定：满目疮痍、百废待举的祖国，最需要的是人才！大规模的经济建设，科学、文化、教育的振兴，最需要的是懂科学、懂教育、有技术、有文化的人。有了这样的人，创伤可以医治，贫困可以改造，落后可以改变，奇迹可以创造！

他的住地成了中国在美的一些科学家集会、谈心的地方。不久，30多名科学家在纽约哥伦比亚大学成立了“全美中国科学家协会筹委会”。年底的一天，100多名中国科学家又胜利会师，宣告了“全美中国科学家协会”的诞生。后来，他担任了拥有四万名会员的全美中国科学家协会的主席。

1950年1月上旬，张文裕接到清华大学副校长叶企荪和清华理学院院长吴有训的一封电报，说国内已组成了中国科学家代表团，将赴民主德国，参加德国科学院成立300周年纪念活动，张文裕已被任命为代表团成员之一，让他立即启程，携眷前往，尔后一起回国。对祖国的关怀，张文裕无比激动，但他又感到十分为难：时间太仓促，中国科学院托办的几件紧急事宜还没着落，那心爱的满屋图书、资料，如何迅即处理？况且，妻子王承书分娩在即。为了事业，他们新婚不久就一东一西地分开了。到了美国，他们还是事业第一，张文裕在普林斯顿，王承书则远在1500多公里之外的密执根大学。结婚11年了，他们还过着牛郎织女的两地分居生活。当时，他已年逾40，王承书也38，他们才开始步入当父母的行列。为了对王承书稍有照顾，他正在办理从普林斯顿调到毗邻安那巴的普渡大学的手续。想到远涉万里重洋的辛劳，想到在大西洋风浪中中年妇女分娩时难免的不测，张文裕忍着坐失良机的剜心痛楚，向北京拍了一封电报，辞去了民主德国之行。

到了美国，他们还是事业第一，张文裕在普林斯顿，妻子王承书则远在1500多公里之外的密执根大学。结婚11年了，他们还过着牛郎织女的两地分居生活。

1950年1月下旬，王承书分娩了，是个男孩。40岁得子，安不欣慰？然而没有欢乐。张文裕发现，美国乃至整个资本主义世界，穷兵黩武的军国主义正在迅速抬头，战争狂人发出的歇斯底里叫嚣，矛头直指处在摇篮中的年轻的新中国。果然，1950年6月，以杜鲁门为头子的美帝国主义，拼凑了所谓联合国军，在朝鲜点起了战火，狼烟烧到了鸭绿江边。与此同时，美国国会发出一道禁令：凡在美从事或正在学习的理、工、农、医的一切中国人，一律禁止回国，否则将处以

5000 美元的罚款并加两个月到五年的监禁！

张文裕和王承书毅然决定：到英国去，再由英国取道回国！他立即给在英国原子能研究中心——哈威尔原子能研究所的同学、直线加速器的发明人、诺贝尔奖金获得者可可夫发了一封电报。可可夫很快回电张文裕，欢迎他去英，而且已为他在牛津大学谋取了一个职位，从事核物理和宇宙射线的研究。张文裕当即驱车前往底特律，向英国驻美领事馆提出了申请，很快获得了批准，然而，同在底特律的华盛顿移民局，却断然拒绝了张文裕的要求。

1951 年春，美国参议员麦卡锡操纵了参议院“常设调查小组委员会”，开始了美国人至今仍引以为耻的黑暗岁月——麦卡锡主义时期。对美国政治稍有异议的人，均被列入黑名单；一切追随民主、进步的人士，无不遭受秘密逮捕、关押。作为全美中国科学家协会主席的张文裕，无数次地遭到联邦调查局的“调查”，他失去了一切活动自由。他的好友吴大猷到加拿大国立研究所去了，临行前劝他一同前往。他知道自己没有自由，婉言谢绝了。杨振宁、李政道不顾安危前来看他，但碍于“耳朵”密布，也不能深谈。普渡大学物理系主任拉克·赫尔费斯一再规劝张文裕加入美国籍，张文裕宁为玉碎，不为瓦全，断然谢绝了系主任的劝告。

张文裕身陷困境，远离祖国，但他并不孤单，祖国关怀着他。1954 年，一位朋友告诉他，我驻波兰大使王炳南获悉他的困境后，曾吁请印度政府予以帮助。张文裕立即写信给印度驻美大使馆，印度大使馆复信说美国政府仍不撤销不准张文裕离境的禁令。随着日内瓦和平解决印度支那问题协议的签订，美国政府不得不解除中国学者回国的禁令。张文裕，王承书虽然获准离境，但他们 6 岁的儿子张哲却不准出走，理由是出生在美国的孩子，不准到共产党领导的国家去。张文裕找到昔日剑桥大学的校友，英国领事评理，由于校友的周旋，他最后才获准全家回国。

张文裕抛弃了在美国的家产，毅然向旧金山进发。临行前，由王承书出面为中国科学院购买的一批仪器、仪表等，交给张文裕过去在西南联大的学生、美国哈佛大学教授王浩带到英国，准备再在英国托人带回北京。然而，在张文裕他们登船后，王浩发来了一封电报："船离港口，汽艇追来。复查，出事。"张文裕、王承书又被里里外外地查了一遍。好在他所有的文字材料全用中文写就，从而不致牵累他在美的好友杨振宁、李政道、吴健雄、袁家骝等人，也没有暴露杨振宁夫妇托他回国后打听杜聿明先生下落的信函……为了不致再生意外，张文裕、王承书不管在檀香山，还是在马尼拉停靠多长时间，始终未离船舱一步。就这样，1956年秋的一天，他们终于在澳门附近海面搭上小船，取道九龙，踏上了五星红旗飘扬的祖国大地——深圳。

"为在20世纪末实现四个现代化，科学技术是关键。这种大好形势给了我莫大的鼓舞，因此，不顾我年纪已经大了，还是鼓起勇气，再一次申请加入党的组织。"

——这是张文裕教授在粉碎"四人帮"后，向党组织递交的入党申请书中的一段话。这段话，是这位老科学家由昔日抱着"科学救国"理想的爱国主义者，转变为为祖国四化而不遗余力地奋勇拼搏的共产主义战士的深刻写照。

还在西南联大时期，张文裕接触过共产党人，他钦佩共产党。但是，他当时认为自己是做学问的，搞科学的，搞政治需要科学，但搞科学不一定要直接参与政治。科学救国，教育救国，这是他抱定的宗旨。但在1956年回国后，耳闻目睹共产党领导下的新中国的光辉业绩，由过去对共产党朴素的钦佩之感，升为炽烈的热爱之情。他过去在颠沛流离中养成的"内向"性格，养成的"只有自己最可靠"的想法，也渐渐变了，他变得热情奔放了，他认识到"只有革命集体最可靠"了。他过去科学救国、教育救国的抱负所以不能实现，根本在于政治腐败。只有共产党才能救中国。努力争取成为一个共产党员的强

烈愿望，在他心中萌动了。

1956 年底，他被任命为中国科学院原子能研究所副所长，协助所长钱三强教授领导基本粒子方面的研究工作。他提议利用我国西南山区高海拔的地理优势，建设一个高山实验站，开展宇宙射线方面的研究工作。他的提议得到了所、院领导的采纳，终于建成了当时世界上最高的宇宙射线研究站。为此，他耗费了很多心血。他的心血没有白花。这个高山站即使在“文化大革命”时期，还在基本粒子研究方面作出了重要发现。这一成果经过周总理的再三斟酌并反复征询了杨振宁、李政道的意见后，终于向全世界发布。

张文裕作为中国科学家，积极参加了国际交流活动。1960 年夏秋之交，张文裕、王承书作为中国物理学家的代表，在日内瓦西欧物理研究中心举行的国际高能物理会议上，再度与美国“原子弹之父”奥本海默教授相逢。奥本海默紧握着他们的手说：“我知道，你们回国了。你们是从一个非常美好的国度来的，我衷心欢迎你们!”张文裕，他感到了作为一个中国人，作为一个共产党领导下的中国人，在世界上享有的地位。这与昔日寄人篱下时，中国人备受歧视，屈辱的经历相比，是何其泾渭分明啊!

1960 年，党组织委张文裕以重任，派他前往莫斯科杜布纳联合研究所，接替王淦昌教授的工作，出任中国组组长。中国科学工作者大多数分散在苏联人领导的研究组里。赫鲁晓夫的反华政策，也波及了这个“社会主义国家科学家的大家庭”。中国科学家在这里备受刁难。张文裕作为中国科学家的行政领导者，经常要由他出面和苏方打交道，进行针锋相对的斗争。在这种环境中，在这种斗争中，他紧紧依靠党组织，坚定地按我们党和国家的方针、政策、原则办事，从而取得了胜利。他说：“在联合所工作这 3 年，使我有机会接触了许多党的负责同志和共产党员。我和大家朝夕相处，工作、生活、战斗在一起，同志们的立场、观点、工作作风和工作方法对我都起了模范作用，非常羡慕，做人应该做这样的人!”加入共产党的愿望，愈来愈强烈了。

在杜布纳3年，限制与反限制的斗争是十分激烈的。在十分困难的条件下，他领导中国科学家“在中子束作用下 λ 粒子产生机制”和 λ 粒子—核子的相互作用性质等方面的研究，仍然取得了较大成绩。

从苏联回国后，张文裕庄重地向党组织递交了入党申请书。

正当张文裕急切地盼望加入党的行列时，“文化大革命”开始了。他“靠边站”了。他为之奋斗了大半生的基础科学研究，被斥之为“理论风”，横遭批判。天天有人来给他念“语录”，要他“交代”问题。尤其令他愤慨的是，还在莫斯科时，周总理曾当面叮嘱他要搞我们中国自己的高能物理实验装备，为此，他在回国后一直为之在筹划着。然而，现在有人竟攻击说这是搞“破铜烂铁”，“脱离实际”!

经过长期反复思考，张文裕坚信：这不是共产党的政策！1972年秋天，以他为首的18位科学工作者联名向周总理写了一封信，提出了发展我国高能物理研究的想法和建议。信送出去不久，周总理就给张文裕、朱光亚复了一封信，信中说：“这件事不能再延迟了。科学院必须把基础科学和理论研究抓起来，同时又要把理论研究与科学实验结合起来。高能物理研究和高能加速器的预制研究，应该成为科学院要抓的主要项目之一。”

看到总理的信，张文裕激动得热泪盈眶。为了加强高能物理研究，中国科学院决定把高能物理部分从中国科学院原子能研究所独立出来，成立高能物理研究所，任命张文裕为所长。1975年，胡耀邦主持科学院工作时，还冒雨淌水视察了高能所。

粉碎“四人帮”后，科学的春天来到了。大好形势鼓舞了张文裕，党的拨乱反正教育了张文裕，使他明白了“文化大革命”的是非曲直。他按捺不住激动的心情，向党组再次递交了入党申请书。

1978年7月1日，在中国科学院高能物理研究所新党员入党宣誓仪式上，年近7旬的张文裕，和几位中青年科技人员一起，激动地站在党旗下，发出了铿锵的誓言：“我志愿参加中国共产党……”满头白发的张文裕，终于找到了自己奋斗了几十年的政治归宿，成了一名

粉碎“四人帮”后，科学的春天来到了。大好形势鼓舞了张文裕，党的拨乱反正教育了张文裕，使他明白了是非曲直。

立志为共产主义事业奋斗终生的光荣战士。

“我始终关心我们国家的两件事，一是科学理论与科学实验的结合，二是科学事业与教育事业的结合。这是振兴我国科学、教育的必由之路，也是青年成才的必由之路！”

——张文裕教授的这一席话，是1981年盛夏，全国人大常委会办公厅负责处理人大代表提案的同志，在找到张文裕教授，向他报告他的提案处理落实情况时，他阐述自己提案初衷时说的。这是他“老骥伏枥，志在千里”的心声，也是对广大青年的真诚的忠告和热情的希望。

1980年，正当全国五届人大召开之际，张文裕教授病魔缠身，不能赴会。在病床上，他依然怀着一片热忱，写下了如何发展我国科学、教育的提案。他郑重地指出：“实验是理论的源泉，科学的根本；要发展科学，就必须十分重视实验科学的发展。”他还强烈指出：“应该把科研与教育结合起来，研究所与大学或合办，或直接挂钩，让科研人员直接参加大学教学，大学的教师和学生直接参加研究所的科研，这是改变我国实验科学落后面貌，多快好省地发展我国科学事业，也是加速人才培养的重要途径。”

当他步下病床后，尽管得了耳背的后遗症，走起路来也有点蹒跚，但他仍不遗余力为之奔走呼号。在人大常委会会议上，他又竭力主张把我国的学位制建立起来……

张文裕教授为什么如此强调实验科学的重要性？1972 年，他在回国 16 年后第一次再去美国访问。当时，正值毛主席会见杨振宁博士不久，美国科学家对此非常关心，都想从这位杨振宁昔日的老师那里打听点细节。美国费米国家研究所所长莱德曼教授与张文裕教授一见面，就提出了这个问题。张文裕教授说：“据我所知，主要谈的是理论与实验的关系问题。”莱德曼说：“这种问题还有什么可谈的，前人不是早就解决了吗?”张文裕说：“是的，世界上许多国家已解决了这个关系问题，可在中国，这个问题却并未解决，所以毛主席才这么关心的啊!”

丁肇中教授曾对张文裕教授说，在联邦德国，在他手下工作的中国研究人员理论思维很强，可就是怕实验。丁肇中感慨地说：“我是在中国长大的。在中国部分人中存在着不愿意动手的落后思想。这是‘劳心者治人，劳力者治于人’的坏影响。我是因实验科学而获得诺贝尔奖金的。搞实验科学非常重要。这一点，希望对中国，包括对第三世界的青年有些启发。”

张文裕教授非常赞同丁肇中教授的看法。他补充指出：“万般皆下品，唯有读书高”、“君子动嘴不动手”的思想，在我国确是根深蒂固的。我国科研人员历来缺乏敢于动手的传统和作风，就是这种旧思想的影响。至今，还有人主张把科研人员分成三、六、九等，如：研究理论的地位高于搞实验的，再以设计、工艺、维修、运行，逐级往下排，人为地制造等级差别，使人脱离实际，钻“象牙之塔”。后来，他对此反复呼吁：“这是重大的科技政策问题。不改变这种社会风气，好的作风无法建立，科学也不能振兴起来！”

怎样才能使我国建立良好的科学实验风气，搞好科学理论的建设？张文裕教授曾斩钉截铁地对他的研究生和其他中青年科技人员反复地说过：“用科举时代念‘四书五经’的办法精读科学书籍，不联系实际，是无济于事的。只有重视科学实验，亲自动手搞实验研究，才能有所发现，有所发明，有所创造，才能建立理论，验证理论，发展理论。”

为了说明这个问题，张文裕教授不止一次地用科学技术发展的历史来佐证。他说，20世纪之前，科学理论与科学实验是不分家的。凡是有成就的科学家，无不重视科学实验，直接以实验起家的。从牛顿、伽利略开始，世界上著名的科学家无不如此。而诺贝尔奖金的获得项目，也无一不是与实验结合的。有人说，爱因斯坦是个例外。其实，爱因斯坦虽然是个理论物理学家，但获得诺贝尔奖金的科学成就——光电效应理论，也来自过去种种科学实验的启示，并在被实验验证后才创立的。爱因斯坦创立相对论，如果当时没有迈克耳孙－莫雷的著名实验启示，他也是不可能获得成功的。

还有人以理论物理学家杨振宁、李政道建立粒子在弱相互作用下宇称不守恒的理论为例，认为理论物理学家只要依靠理论思维就行了。张文裕教授指出，这完全是误解。杨振宁、李政道在大学学习和当研究生时非常重视实验，就是粒子在弱相互作用下宇称不守恒的“反常”现象，引起了他们的高度重视，这就是说，首先是通过实验，发现了这些矛盾现象后，才导致了这一理论的建立，后来又为吴健雄的实验直接证实。这才获得了诺贝尔奖金。不重视科学实验，科学理论就会成为无源之水，无本之木。

怎样看待理论与实验的分家？张文裕教授指出：这是20世纪30

年代后的事，是由于科学实验的仪器、设备向高、精、尖发展的结果。以物理学为例，这时出现了加速器、探测器，分析技术也极为先进，如果没有一部分科学家分出来专门从事实验手段的研制和改进，科学事业就难于发展；相应地，在这种情况下，也就造成另一部分科学家专门从事理论研究了。但是，应该清醒地认识到，除了数学，一般来说，自然科学往往是科学实验在前，建立理论在后。物理、化学、生物等等，都是实验科学，都是实验领导理论，而不是理论领导实验。没有科学实验，也就没有科学理论。就数学而论，它是很重要的，但从物理、化学、生物等学科来说，它是方法、手段。我们许多研究生的论文送到国外时，国外科学家的评价往往是："只有数学，没有物理。"这实实在在是应该引起我们重视的。

为了进一步强调理论与实验的结合，张文裕教授曾风趣地对人说，

一个科学家一旦脱离了科学研究工作，就只能称为"过去的科学家"。脱离了科学实验，那就意味着科学生涯的结束，理论也就不会再有新的发展了。

在国外，一个科学家一旦脱离了科学研究工作，就只能称为“过去的科学家”。脱离了科学实验，那就意味着科学生涯的结束，理论也就不会再有新的发展了。

怎样发展我国的实验科学？张文裕教授提出了以下几点设想和意见：

第一，发展实验科学要引起整个社会，尤其是科学、教育领导部门的高度重视。他说，1979 年他去英国访问，看到剑桥大学至今仍完好无损地保存着牛顿当年进行光学实验的三棱镜等实验设备。这一事实说明，他们仍保持着重视实验科学的优良传统。英国皇家科学院每隔几个星期就要进行一次由著名科学家进行的通俗的科普演讲，一边讲，一边做实验表演。相比之下，我们的科学院真有点高墙深院之感。美国、英国等国家，从小学到中学，到大学，都有完整的、系统的实验课程。而我们现在中学的实验课，不仅少，设备也奇缺，许多学校还开不了实验课。在社会上，许多国家有各式各样的博物馆、科学馆，可以直接动手操作、摆弄，目的就是为了培养青少年和科学爱好者的兴趣和动手能力。一位著名的美籍中国学者亲口对张文裕教授说过，中国留学生钻书本很刻苦，但动手能力太差了。一旦仪器出现故障，几个人围在那里议论来、议论去，就是不敢动；而美国学生则不一样，他们一接触仪器，就一边摆弄，一边思考，七动八动，半个小时就把故障排除了。这与从小训练有很大关系。

第二，从整个社会到每个青少年，要重视动手能力和智力的发展，千万不要把读书的分数作为唯一的追逐目标。造就科学人才，一定要把求知欲、勤奋、毅力、方法四个方面结合起来加以全面的培养和考核。在历史上，不少科学家在学生时代并不一定是高分数的学生，像爱因斯坦、麦克斯韦、劳伦斯等，都是如此。劳伦斯这位美国科学家，是回旋加速器的发明者，获得过诺贝尔奖金，他与吴有训教授是同班同学。在读书时，他是班上成绩最差的，同学们谁都看不起他。但他不为此所动心和犹豫，他追求的是创新，并为之孜孜不倦地奋斗。结果，他研究成功了回旋加速器，使物理学研究为之改观，得到大踏步前进。培养和提高科学实验能力，可以综合地发展自己的求知欲、勤奋、毅力、方法。直到现在，英国剑桥大学的大学生毕业考试，仍然必须做到：学生根据导师出的题目，独立地完全靠自己把实验仪器设备安装起来，然后完整地完成这个实验。这个实验，往往要白天连着晚上，一天、两天、三天……一直到做完了才能离开实验室。只有经过这样的严格训练，才能培养出具有高水平实验能力的科学人才。

第三，实行科研机关与大学的结合，做到取长补短，互通有无。目前，我国大学的实验设备普遍比较落后陈旧，教师、学生缺少从事科学实验的条件；而研究机关的科研条件相对来说比较好，主要问题之一是青黄不接，严重缺乏新生力量。应当认清，书本知识是死的，它对前人来说是第一手经验；但对教师，学生来说，都是第二手材料。书本上总结出的科学原理随着实践条件的改变会变化的。教师只有在教书的同时又搞科研，才能把书教活。大学生二三年级就可以到研究机关去搞科研，这对早日成才大有好处。对科研人员来说，面对广大思想十分活跃的青年学生，不仅可以活跃科学思想，防止思想僵化，扩大知识视野，而且对自己从事研究的领域和学过的知识，也有深化的作用。总之，科研与教育的结合，是大有好处的。

张文裕的贡献

1946—1954年间，他通过宇宙射线的研究，在世界上第一次明确证明：μ介子是一种非强作用粒子；他还发现：带负电荷的慢μ介子，在与原子核作用时，会形成μ介子—原子，并会产生电子辐射。这一发现于1953年为高能加速器的实验所证实后，μ介子—原子被命名为“张原子”，其辐射被命名为“张辐射”。

科学之树植根在祖国的大地

——记量子化学家唐敖庆

张玉来

读书有两种情况。一种人是“躺在”书上读，作者说什么他都信，任凭作者牵着鼻子走；另一种是“站在”书上读，经常和作者进行争论，向作者提出质疑。前一种人即使读一辈子书，充其量也不过是“书架子”，不会有大作为；后一种人不仅吸取了别人的成果，还看到了一片又一片未被开垦的荒原。从而去开拓，去耕耘。

——唐敖庆

唐敖庆简介

唐敖庆（1915—2008）

唐敖庆（1915—2008）江苏省宜兴县和桥镇人。著名量子化学家。现任中国科协常务委员会委员，国家自然科学基金委员会主任，吉林大学名誉校长、一级教授，中国科学院主席团成员与化学学部委员，中国化学会理事长，国家科学技术奖励委员会委员，国务院学位委员会委员，国际量子—分子科学研究会会员，《国际量子化学》杂志顾问编委，《中国科学》杂志编委，全国政协委员等职。曾荣膺全国劳动模范光荣称号，多次当选为全国人大代表、党代会代表。1940年，唐敖庆毕业于西南联大并留校任教。1946年赴美留学，曾任进步学生组织哥伦比亚大学中国同学会主席。1949年获博士学位，回国。

柳条路，一幢灰色的小楼

在北国春城长春市，有一条狭窄得宛如阡陌小径的马路，名叫柳条路。路北，垂柳婆娑之中，矗立着一幢两层灰色东洋式小楼。小楼经过半个世纪的风风雨雨已陈旧不堪，在邻近的现代化高层建筑的映衬下，更显得黯然失色。

“山不在高，有仙则灵”。由于主人的缘故，这幢其貌不扬的小楼成为人们瞩目的一角。每当人们从这里走过，心里总是溢满崇敬之情。

1983 年 9 月，一个月明天高、玉露添凉的夜晚，8 位 50 岁上下的全国知名学者相继走进小楼。虽然他们有的已华发早谢，有的声名显赫，地位显要，此时内心亦不免有些激动、拘谨。他们都是小楼主人的学生，是他的研究集体的成员。他们与导师的一项研究成果——“配位场理论”获得了 1982 年国家自然科学颁发的一等奖。

这些学生像小鸟一样早已飞向祖国的天涯海角，天各一方。一次全国性的学术会议，又使他们飞回故里，欢聚一堂。

这幢小楼，在每个人的心目中都留下了不可磨灭的记忆。它是昔日师生挥汗如雨，共攀科学高峰的见证；它是导师呕心沥血，培养国家高级科技人才的见证。谁记得清，在这里与导师进行过多少次彻夜的长谈，激烈的争论……

唐敖庆教授将学生们一一让进会客室。房间显得有些拥挤，学生们不得不侧身而坐。

简短的寒暄过后，导师一语破题：“今天请大家来，专门讨论一下奖金的分配方案。”

导师还是那样和蔼可亲，而又神态深沉。

学生们已经知道，国家科学技术奖励委员会已把奖金 10000 元汇至吉林大学。他们预料在长春期间将会就此做出决断。他们都是科学家，心里想的只是对科学的贡献，成果在社会上产生的效益。他们惯于思考的大脑却没有去思考奖金如何分配。这也不完全，他们偶尔也会想到它，就像想到研究成果本身一样，应主要归之于导师，还有孕育这一成果的摇篮——吉林大学……

现在导师发问了，学生们谁也没有像以往那样煞费苦心，认真思索，直爽陈述己见。8位学者的心是相通的：相信导师会作出一个最理想的方案。他们微笑着交换了一下眼神，异口同声说道："还是请唐老师作一个方案吧！"

一向不肯先入为主的唐教授，一改常规，并未推辞，直接道出了自己考虑良久的想法：

"我想大家心情是一致的，都想把这笔为数不多的奖金用到点子上，用得有意义。我考虑了一个方案，用这笔奖金设立量子化学研究生奖励基金，用来奖励我们获奖者所在单位吉林大学、山东大学、厦门大学、四川大学、北京师大、云南大学的优秀量子化学研究生或学位论文……"

不待导师讲完，学生们便啧啧赞叹起来，有的竟像高兴的孩子一样鼓起掌来。

转瞬间，欢快活跃的气氛又突然凝固。学生们陷入沉思，就像以往听到导师一次发人深省的教诲，在自己茫然不知所向时点破了迷津。他们在玩味导师这一意味深长的方案。

知师者，莫若学生。他们理解了。不是一般的、浮浅的理解。这是只有唐教授的学生——深谙唐教授的理想与抱负、心灵与情操的学生才会有的理解，这是"配位场理论"研究的延续，这是导师一生——一个爱国科学家的一生走过的道路的延伸。它与导师毅然由大洋彼岸返回祖国，在科学发展前沿纵横驰骋，在教育阵地上的丰功伟业同样光彩照人。可以说，这个方案的意义与价值决不在这项研究本身之下！

学生们不由自主地双目注视着自己熟悉的敬重的导师。他们感到，眼前这位白发苍苍，面带慈祥微笑，带一副高度近视镜的老人多么像一棵常青的科学之树啊，它深深植根于祖国的大地，与祖国母亲连得很紧很紧，总是充满生机，无私地奉献着自己的养分、绿色，乃至生命。

在"哥大"，一位年轻的中国学者

1946 年，初秋时节，一艘远洋客轮驶离上海港，进入波涛汹涌的大海。唐敖庆站在甲板上，任海风从面颊吹过，眺望着天水一色的远方，对未来充满了美好的憧憬。他幻想，在美国能像普罗米修斯把火种从天庭盗给人间一样，把美国先进的科学技术学到手，带回灾难深重的祖国。这时，他的脑海不禁掠过一道希望的闪光。

唐敖庆此行是随我国化学界的老前辈曾昭抡先生赴美考察，并到哥伦比亚大学研究生院攻读博士学位的。

哥伦比亚大学是美国 20 所著名的高等院校之一，在国际上素享盛名。它坐落在这个金元帝国的第一大城市纽约。在这里，可以窥见资本主义世界的一斑。

来美不久，唐敖庆就深刻感受到，在这个科学发达、经济繁荣的国度里包藏着多么尖锐的矛盾：一面高唱耸人听闻的"民主"、"自由"，一面却到处可见残酷的阶级压迫和种族歧视；一面是耸入云霄的摩天大厦，一面是阴暗潮湿的贫民窟；一部分人终日花天酒地、荒淫无度，一部分人却无家可归，流落街头……

导师哈弗尔德教授是热情、友好的，他以科学家的广博胸怀平等地对待每一个学生。然而有的美国学生和来自其他国家的学生却向唐敖庆投来轻蔑的目光，他们不相信这个来自贫穷、落后国度的学生会取得什么业绩。具有强烈民族自尊心的唐敖庆被激怒了。他坚信，中国人是有巨大潜力的，是有志气的，一定能够赶上和超过外国同学。

他满怀为国争光的豪情，以坚韧不拔的毅力，无坚不摧的锐气开始拼搏了。

他的两脚紧张地奔走于化学系和数学系之间。在这个系刚刚下课，又急匆匆地赶往另一个系。回到宿舍，双倍的功课便同时压到了他的肩上。他好像有使不完的精力，不知道什么是疲倦，思维的翅膀忘情地在理论化学和高等数学的科学殿堂里翱翔。那些玄妙的数字、严密的运算、复杂的公式、抽象的推理，在他的眼前展现出一个五彩缤纷、百鸟齐鸣、云蒸霞蔚的壮观世界，令他乐而不疲，心驰神往。有人笑他自找苦吃，有人讥讽他自不量力，而更多的人却被他的拼搏精神所折服，发出由衷的赞叹。

“唐先生，听说您在听两个系的课?”一天，哈弗尔德教授疑惑不解地问唐敖庆。

“是的，教授先生。”唐敖庆回答说，“我想同时拿到两个学位!”

“是吗?”教授吃了一惊，这是他闻所未闻的事情。他第一次感到，这个谦和的中国学者身上透着一种蓬勃的朝气。

“您可要当心身体啊!”教授的语调含着赞许与担心。

一个巨大的打击突然向唐敖庆袭来。他的眼病又犯了。上课时，即使坐在第一排，老师的板书在他的视网膜上也是模糊不清的一片。翻阅文献，只有把书放在离眼睛几个厘米的位置，才能勉强看得清楚。艰苦的思维活动，绷紧的大脑神经，使他的视力更加衰减了。眼睛，对于科学家来讲，是和生命一样重要的呀！医生向他发出了严重的警告：“您若再不注意保护眼睛，将会失明的!”

啊，这真是太可怕了！保护眼睛，就意味着少看书或不看书，而这就等于从向科学进军的征途上退下阵来。不能，绝对不能！祖国的召唤和心中的目标都不允许他这样做!

不能过多地使用眼睛，他就开始训练自己强记的本领。上课时，仅仅靠耳朵，靠惊人的记忆力，把教授们的讲授内容、要点，包括那些令人头晕目眩的化学符号和公式，一一贮存在大脑里，就像电子计算机贮存信息一样。每当课后，他又把大脑中的记忆追记在笔记本上，就像打开电子计算机的输出装置，得到一份原始资料一样。他比别的同学洒下了更多的汗水，也得到了其他同学无法比拟的收获。他不仅在学业上一直处于领先地位，而且练就了惊人的强记本领。这种强记本领，至今也没有减退。

哈弗尔德教授怀着惊喜的心情注视着唐敖庆的进步，深深地为他的顽强毅力和拼搏精神所感染。从唐敖庆身上他发现了一个古老伟大民族的潜在力量。啊，中国人并不笨，是非常聪明的！

一天，哈弗尔德教授把唐敖庆请到自己的办公室，亲切地说："唐先生，真抱歉，有一件事要麻烦您一下。"

"什么事，教授？您只管说吧！"

"我明天应邀要到外地去讲学，我的课就请您代劳吧！"教授说罢，把一叠讲稿递给了唐敖庆。

学生给导师代课？唐敖庆心头不禁为之一震；"教授，我能行吗？"

"行，肯定行！我相信您！"导师的语气是那样的肯定。

望着导师期待和信任的目光，唐敖庆终于接受了这个罕见的任务。

他一遍又一遍地熟悉着导师的讲稿。又重新改写了其中自己感到论述还不够令人满意的部分。

来自中国的学生要代替导师授课的消息不胫而走，传遍了哥伦比亚大学校园。

上课铃响后，教室里座无虚席，有哈弗尔德的学生，还有本系和外系的学生。有的人是专门来一睹这位中国学生的风采的。只见唐敖庆手拿几只粉笔，大步走上讲台，手上没有讲稿，也没有参阅资料。台下的同学有的嘁嘁喳喳地议论起来："看他紧张的样子，连讲稿都忘带了！""等着瞧吧，有好戏看的！"……

他们确实看到了一出好戏。面带谦和微笑的唐敖庆站在台前，用手扶了扶宽边眼镜，又从容地挽了挽袖口，便用流畅的英语讲了起来。那严密的逻辑，透辟的论述，清晰的板书，像磁石一样吸引了所有人的注意力。整个课堂鸦雀无声。当唐敖庆以"对不起，谢谢"结束自己的讲授的时候，教室里立即响起了一片热烈的掌声。

辛勤的汗水结出了丰硕的果实。第一学年过去了，唐敖庆各科学习成绩都独占鳌头。他获得了荣誉奖学金。这是“哥大”对学生的最高奖赏，每万人当中才评选一人。当时“哥大”有3万学生，只有3名学生有幸得到这种奖金。

唐敖庆露出了欣慰的笑容。这笑容不单是为了个人的荣誉，更主要的是维护了国家的尊严。

他为腾飞奠定了基础。他多么想展开双翅，奋力腾飞啊！然而，尖锐复杂的阶级斗争、思想斗争却使他无法继续把自己关在书斋里埋头读书了。随着人民解放战争的发展，人民解放军节节胜利的消息不断传来，在哥伦比亚大学读书的300多名中国留学生发生了明显的政治分歧。多数留学生感到欢欣鼓舞，期待反动、腐朽的蒋家王朝的覆灭，人民革命的彻底胜利；也有少数人忧心忡忡，惶惶不可终日。由国民党特务分子控制的伪“哥大中国学生会”为了消除解放战争胜利消息的影响，妄图向新任校长艾森豪威尔献旗，为即将遭到灭顶之灾的国民党政府张目。他们甚至在美国一家最大的旅馆举办所谓慈善舞会，摇尾乞怜，请政客、大亨、贵妇去跳舞，借以得到一些施舍。

一天下午，唐敖庆和十几位进步同学相邀，在一个教室里商量如何阻止中国学生会的可耻行径。《华侨日报》的主编、后来曾任联合国副秘书长的唐明照同志也应邀参加了会议。

与会者对多数同学的正义感和是非观念是充满信心的，就是苦于无法联系。

“你们也可以组织起来嘛!”唐明照同志插话说。

“对呀!”有着在无锡师范、北京大学和西南联大参加多年进步学生运动经验的唐敖庆恍然大悟，“他们有中国学生会，我们也可以成立一个中国同学会。我们有了组织就可以团结起来，统一行动了!”

经过充分的酝酿和选举，中国同学会诞生了。在留学生中享有很高威信的唐敖庆当选为第一届理事会的主席。另两位副主席和秘书长都是中共党员。比唐敖庆小几岁，受唐敖庆影响走上进步道路的徐光宪当选为常务理事。当年在“哥大”留学的钱保功、高小霞、刘静如、丁儆等都积极参加了中国同学会。

哥伦比亚大学有一位专门负责外国留学生工作的顾问。唐敖庆找到了他，向他叙说中国留学生又成立了一个组织。想不到这位顾问十分骄横，不讲道理：

“贵国已经有了一个学生会，我们只承认它，不再承认另外的学生组织!”

说罢耸耸肩，摊开了双手。

“这是我国的内部事物，我提请您不要干涉我们的内政!”唐敖庆义正词严地反驳了他。

中国同学会没有理睬顾问的态度，照常举行会议。为了与同学会抗衡，学生会也举行了会议。然而，到同学会开会的有200多人，到学生会开会的只有十几个人。

顾问听说中国同学会竟敢违背他的旨意，大为恼火，便来到中国同学会的会场，只见会场高朋满座，群情激昂；他又来到中国学生会的会场，那里则是另一番景象，稀稀拉拉，情绪低落。

哪个学生组织具有代表性已不言而喻。顾问自觉没趣，灰溜溜地走了。

在那些火热的日子里，唐敖庆的住处——纽约123街526号的一座学生公寓人来人往，热闹非凡。他平素宽厚老诚，乐于助人，加之才华出众，有很大的号召力，中国留学生都愿意与他谈心，谈国家的命运，个人的前途。同学们亲切地把他的住处称为“兴隆茶馆”。在唐敖庆的影响下，不少处于中间状态，尚在观望的同学开始倾向进步，壮大了左派队伍。

中国同学会的同学们在唐敖庆的倡导下，一致通过决议，在国内两种命运、两种前途大决战的关键时刻，绝不能手执国民党旗，向新校长献媚。国民党特务分子导演的这出政治丑剧就这样破产了。那个丧失国格、人格的“慈善舞会”也在多数中国留学生的一片谴责声中销声匿迹了。

1946年，初秋时节，一艘远洋客轮驶离上海港，进入波涛汹涌的大海。唐敖庆站在甲板上，任海风从面颊吹过，眺望着天水一色的远方，对未来充满了美好的憧憬。他幻想，在美国能像普罗米修斯把火种从天庭盗给人间一样，把美国先进的科学技术学到手，带回灾难深重的祖国。这时，他的脑海不禁掠过一道希望的闪光。

“拥蒋崇美”的狂风恶浪被击退了。然而在唐敖庆心中激起的波澜却久久不能平息。为什么同是炎黄子孙，同是为了“科学救国”的青年，有的人对人民的胜利欢欣鼓舞，有的人却对人民的解放刻骨仇恨？这时，他得到一本毛泽东同志的《新民主主义论》，这是他第一次读到毛主席的著作。他如饥似渴地读了起来。革命领袖对中国革命前途的精辟论述，使他茅塞顿开。只有社会主义才能救中国。“回国，回到祖国去，回到曙光即在前头的祖国去！”唐敖庆坚定地选择了今后的生活道路。

“人民解放军重创在长江肆意寻衅的英国巡洋舰‘紫石英’号！”“南京解放！”人民解放战争胜利的凯歌频频传来。国民党特务分子惊恐万分，千方百计地封锁消息。唐敖庆和会员们用快报、发传单等各种手段，让每个中国留学生和外国同学及时了解中国大地上正在发生的惊天动地的变化。

1949 年夏天，唐敖庆完成了题为《相互独立粒子的统计理论》的博士论文，向理论化学的高峰开始了首次进击。这篇论文虽然得到了导师和同事们的好评，但唐敖庆自己却并不满意。从第二学年开始，他差不多用一半精力从事同学会的工作，要不然，可以写出水平更高的论文。

他不想急于答辩。他要等待那伟大时刻的到来。他要把博士学位献给新中国。

1949 年 10 月 1 日，新世纪的曙光从东方升起。伟大的中华人民共和国成立了！这个振奋人心的喜讯越过千山万水，传到大洋彼岸的美国。唐敖庆欣喜万分，热泪盈眶，彻夜难眠。急于归国，报效祖国的心情再也按捺不住了。

唐敖庆立即申请答辩论文；同时，开始办理回国的手续。

他比往常更加忙碌了。他参与发起了“一人一元”劳军活动。筹集到的 1000 多美元汇到了国内，献给了亲人——人民解放军。为了表达内心的狂喜和对祖国的眷恋，他和会员们以举行舞会为借口，租用了国际学生公寓的健身房，在那里举行了规模宏大的国庆庆祝会。来自纽约、旧金山、芝加哥的爱国华侨、留学生欢聚一堂，共庆祖国的新生。同学们用一位华侨送来的红布做了一面五星红旗。唐明照同志在庆祝会上作了形势报告。同学们还按中华民族的传统，鸣放了鞭炮，扭起了秧歌……

唐敖庆顺利地通过了论文答辩，取得了博士学位。学校为了表彰唐敖庆出色的学习成绩，奖给他一枚象征能够打开科学大门的金钥匙。

时值第二次世界大战结束不久，美国国内年轻的科技人才严重缺乏，竭力笼络各国留学生留在美国，国民党特务分子也百般阻挠留学生返回大陆。唐敖庆冲破重重阻力，终于取得了离境手续。

许多美国同学带着惋惜的心情对他说："唐博士，美国是当今科学技术的中心，您继续留在这里，前途是不可限量的。"

有些受过国民党反动宣传的人，甚至说："共产党扼杀人才，到那里去，无异于往火坑里跳。"

无论是善意的还是恶意的劝阻，都未能打动唐敖庆那颗赤诚的爱国者的心。

不过，导师哈弗尔德的挽留却不能不使他动情。几年来，师生之间建立了深厚的情谊。导师听说学生即将回国的消息，特意把学生请到家中，设宴款待。席间，哈弗尔德深情地说："我对国、共两党谁是谁非并不了解，不过贵国目前相当落后我是确信不疑的。你回到那里，继续从事您的科学研究是相当困难的。"

"教授先生，"唐敖庆放下餐具，激动地说："我知道我的祖国现在是满目疮痍，百废待兴。但您知道，一个爱国者是不会嫌弃他的祖国的贫困的，改变祖国贫困落后的面貌，正是每个爱国者义不容辞的责任！"

导师被学生强烈的爱国热忱深深打动了。他理解了学生的心情，把最珍贵的文献资料赠给了学生。27 年后，唐敖庆率领粉碎"四人帮"后中国第一个化学考察组访问美国，特地到哥伦比亚大学看望自己的导师。可惜年近七旬的哈弗尔德教授正卧病在床，已不能和自己的中国学生长谈了。

1950 年 1 月 7 日，唐敖庆搭上一艘远洋客轮，经过 1 个多月的海上航行，2 月初，终于踏上了 3 年来梦魂牵绕的国土。

在科学的前沿纵横驰骋

1981 年初夏，具有世界性权威的“国际量子—分子科学研究会”在美国南部一座风光秀丽的海滨城市举行例会。莅会的有研究会的 28 名成员，他们都是世界第一流的量子化学家，其中有七位诺贝尔奖金获得者。

例会临时加了一项议题。研究会主席、美国佛罗里达大学量子理论中心领导人、瑞典籍著名科学家卢丁与诺贝尔奖金获得者、分子轨道对称守恒原理的创始人之一，美国康纳尔大学霍夫曼教授向与会者介绍了一位中国量子化学家 30 年来取得的令人瞩目的成就。这位中国同行的名字叫唐敖庆。

“啊，在中国竟有人做出这样漂亮的工作？”

“唐敖庆？他的这些工作是在欧美做的吧！”

在赞叹中包含着诸多的疑问。

卢丁年近 70，在国际量子化学界享有崇高的威望，从不肯廉价地推崇一个人，他与唐敖庆仅见过一次面。霍夫曼刚满 44 岁，正当年轻气盛之时，还未曾与唐敖庆谋面。奈何两人同时称道这个名叫唐敖庆的中国人？这些声名显赫的学者对自己的同事是相信的，但更使他们为之震动的是唐敖庆所做的工作。

于是，这个国际上有名的研究会一改常规，未经本人提出申请，便在卢丁与霍夫曼的提议下，一致通过投票表决，接受中国科学家唐敖庆为研究会的第 29 名成员。唐敖庆是加入这个组织的第一个中国人，世界上绝大多数国家也仅有一人加入这个国际学术组织。

例会还根据唐敖庆以往的工作，聘请他担任了研究会主办的《国际量子化学》杂志的顾问编辑，负责审阅、裁决量子化学有关群论与图论方面的文章。

发生在大洋彼岸的这一令人鼓舞的喜讯，唐敖庆本人是无从知道的。

热诚的霍夫曼最先向唐敖庆致贺。他在第一封写给唐敖庆的信中，表示了愿意与唐敖庆的研究集体建立合作关系的热忱。

事隔一年，1982 年 6 月在瑞典乌普莎市举行的第四次国际量子化学会议，终于使两位钦慕已久的科学家见了面。潇洒飘逸的霍夫曼紧紧拥抱了年近花甲、满脸慈祥微笑的唐敖庆："啊，见到您真高兴！"

"我原来以为您也像我一样，是个老头子呢？原来您这么年轻！"唐敖庆显然也十分高兴见到霍夫曼。

与会的孙家钟、邓从豪、刘若庄教授也与霍夫曼亲切晤谈。他们都是唐敖庆教授的学生，对老师所结识的朋友当然也怀有一种友好的情意。

"您是怎样知道唐先生的呢?"中国同事问。

"是从《中国科学》——贵国一本很有影响的刊物。"霍夫曼风趣地说，"从这本刊物我看到了唐先生在 50 年代初就在杂化轨道、多中心积分、分子内旋转等问题上取得了一系列很漂亮的结果。可是后来——大约 20 年吧，再也看不到了。最近我又看到了唐先生的工作。我确信，那 20 年，唐先生也一定有很好的工作，只是我没有看到。"

学生与霍夫曼的谈话，在唐教授心中掀起了一阵波澜。大脑中沉睡的记忆又复苏了，那些激动人心的往事禁不住一起涌上心头。

他怎会忘却给霍夫曼留下深刻印象的"分子内旋转"呢？这是他踏上年轻的共和国的土地，向科学技术发起的第一次冲锋啊！

当时国内的科研条件也许比哈弗尔德教授想象的还要艰难。1952 年，唐敖庆刚由北京大学调到吉林大学的时候，第一届化学系学生做实验的地方，就是后来改做食堂的地下室，同学们围在一块像卖肉案子似的条桌周围，用墨水瓶做成酒精灯，用极简陋的仪器，进行基础化学的实验。刚从大洋彼岸归来的唐敖庆看到眼前的情景，就好像跃进历史的深渊，体验到伽利略观察天体，瓦特研制蒸汽机的艰辛。

“难道导师的劝说是对的，我不应该这样匆忙回国?”他在内心问自己，“不，不！我没有错!”为国争光的激情像岩浆一样在他的脑中奔突。他相信，在我们年轻的共和国的国土上也会做出世界第一流的科研工作。

他的大脑在急骤思索，确定自己攻坚的方位。

他想到英国化学家柯尔逊。柯尔逊从20世纪40年代起倡导理论化学，为此奋斗了一生。他虽然在英国奠定了这门学科的基石，但在国际化学界还未得到公认，而在我们国家，理论化学则是一片荒原，还没有人涉足。这是一门依据实验数据，进行理论计算、推导，从而总结实验规律的学科，它需要坚实的理论基础，渊博的数学、物理知识。唐敖庆完全具备这些条件。

唐敖庆以拓荒者的勇气在我国第一个开始了理论化学的研究。

量子化学（也称物质结构）是理论化学的一个重要组成部分。它研究的对象是构成分子的原子之间的结合力——化学键。物质的分子是千差万别的，化学键也是多种多样的。对化学键的研究可以使人类深入到微观了解分子内部的原子是如何结合的，不同的分子将具有什么样的性质，从而为人类寻找、合成新的材料提供依据。

唐敖庆对理论化学的研究，就是从量子化学入手的。他以挑战者的姿态涉猎了杂化轨道、多中心积分、分子内旋转、分子间相互作用这些国际化学界最惹人注目、异常活跃的领域。

在浩如烟海的文献资料中，美国著名量子化学家皮泽提出的“分子内旋转”的方程式引起了唐敖庆的关注。他重新推导了皮泽的方程式，敏锐地感到它只能用于解释某些比较简单的分子内旋转，运用范围受到很大限制。“真是太遗憾了！一项很好的工作，皮泽却没有将它做到底!”唐敖庆想，“我来替他完成吧!”

实验化学家与仪器为伍，理论化学家却要整天伏身案头。后者比前者显得更加艰深而又抽象，枯燥而又乏味。没有计算机，所有的计算、推导都要靠大脑、笔和纸来进行。不是一天、两天，不是一个月、两个月。从掌灯到午夜，以至黎明，周而复始。在这里，人的精力与体力已在毅力与意志的映衬下显得微不足道。在这时，人的才智也像高压下的水柱，喷射而出。

唐敖庆一举攻下了这个难题！他推导出一个可以计算许多复杂分子内旋转的能量变化的公式——势能函数公式。利用这个公式可以推算出物质的一些性质，为从结构上改变物质的性质提供了可靠的依据。这项成果 1955 年公之于世，立即引起国内外的强烈反响。国外三十几位科学家来信索取资料。苏联化学家伏肯斯坦在自己的学术专著《高分子构型统计》里，几乎用一章三分之二的篇幅引用、阐述了这项成果和它的价值。民主德国将这项成果引入数据库，有的国家甚至在有关红外光谱报告中，也引用了这项成果。

党和国家热情地褒奖了这位爱国科学家。唐敖庆荣获中国科学院首次颁发的自然科学三等奖。

历史跨进 1956 年。暮春的一天，我国著名化学家钱保功访苏刚刚返回长春，未及消除旅途的疲劳，立即来到柳条路那座灰色的小楼，看望他的老朋友唐敖庆。

“这次在莫斯科，我见到了伏肯斯坦教授。”钱保功说，“他对你的分子内旋转的研究成果大加赞扬，一再叮嘱我向你致贺，并说你如到苏联访问，一定到他们实验室去。”

接着钱保功便绘声绘色地讲起了在苏联见到的高分子工业发展情况和了解到的欧美国家高分子科研动态。

“这下你们搞实验的可以大有作为了！”唐敖庆兴奋地说。

“不，你们搞理论的也可在这项工作中一展宏图。没有你们理论家的指导，我们的实验就要迷失方向啦！”钱保功风趣地笑着说，“怎么样，感兴趣吗？最近国家就要开一次高分子学术讨论会，我们一道参加吧！”

片刻沉默。钱保功的话正好触动了唐敖庆激荡的心潮。

唐敖庆刚刚参加了全国十二年科学规划会议。会议原来拟定了55项重大科研课题，报送周恩来总理。周总理高瞻远瞩，亲自提议又加上了第56项，即自然科学重大基础理论的研究，他语重心长地对科学家们说："如果我们还不及时加强对于长远需要和理论工作的注意，那么我们就要犯很大的错误。"

党和国家对基础理论的重视，使正在从事量子化学研究的唐敖庆深受鼓舞。作为一个化学家，唐敖庆还注意到，规划提出我国社会主义建设急需解决高分子材料合成与改进的理论问题。这项工作自有高分子专家去从事，但唐敖庆却想到了这是国家的急切需要，想到了自己肩上的责任，想到了理论与实践的结合，基础理论的研究与应用研究的结合。

唐敖庆真想立即投身到这项在我国还是一片空白的新学科的研究之中，与钱保功、钱人元等高分子专家一起做这片荒原的拓荒者。

自然科学领域里，科学研究的方向一向被视作科学家的第二生命。现代科学技术的飞速发展，使新的学科不断涌现，各学科之间分工愈来愈细。一个人在一个学科、一个领域中取得值得称道的业绩，往往就要付出毕生的精力。唐敖庆已届41岁，即将超过科学发现的最佳年龄。突然改变自己已经非常熟悉的科研方向，放弃一个耗掉大量心血、已取得世人瞩目成就的科学领域，并不是一件轻而易举的事啊！

祖国的需要高于一切！唐敖庆以一个爱国者的广阔胸襟，一个有作为的科学家的勇气与胆略，在化学界的同行怀着钦慕的心情，期待他在量子化学这一科研领域取得更加丰硕成果的时候，毅然决定去探索一个崭新的而又十分陌生的科研领域。

此刻，钱保功的鼓励，不啻是一副催化剂，使唐敖庆几天来激动的心潮骤然平静下来，"好，我们合作吧！"

"有你参加，我们信心也足了！"钱保功兴奋得朗声大笑起来。

唐敖庆和他的主要助手、他的研究生江元生与长春应化所的科技人员一道投入到这项科研工作之中。

探索者的道路是艰辛的。在六七年的时间里，唐敖庆以高分子缩聚反应动力学和高分子交联理论为课题进行了大量的实验研究工作。他们对高分子的5个基本反应类型——缩聚、交联、加聚、共聚与裂解反应进行了全面的探索与研究。当科研取得一定成果，他们就亲自下厂去讲解或印发资料，拿到实践中去检验，不断修改，完善自己的理论。

凝胶点是高分子形态转化的关键阶段，准确地掌握凝胶点就能控制生产，大幅度减少甚至避免高分子废品。唐敖庆依据中外无以计数的实验数据，经过无数个不眠之夜，终于发现了最佳凝胶点、凝胶范围与条件，把原来的凝胶化理论发展为高分子固化理论，使高分子动力学有了新的进展，引起中外化学界的注目。

在高分子交联理论中，英国著名的辐射化学家查尔斯贝的交联度和溶解性的关系公式是举世公认的。唐敖庆既已触及这一理论，就不能不触及这一关系公式。他怀着敬仰的心情学习、验证了这个关系公式，令他惊异的是，这个公式并不完善，有很大的局限性。于是，这个最初作为学习对象的关系式成了唐敖庆进行新的科学探索的对象。他重新设计了一个物理模型，一次又一次的开展科学实验与理论推导，终于在1962年得到了一个完整的理论结果，从而把高分子交联理论向前发展了一步。过了16年，美国的两位化学家也就查尔斯贝的关系公式发表论文，其结果与唐敖庆取得的结果完全一样！

1963年，教育部领导面晤唐敖庆，言及由于苏联撕毁合同，撤离专家，我国急需独立自主地开展基础理论研究工作，并期望他尽快开展有关物质结构的一项重要基本理论——配位场理论的研究。

配位场的理论是当代最新发展起来的有关分子结构的三大理论之一，它是现代无机化学和元素有机化学的重要理论基础，与激光、络合萃取、络合催化有着十分密切的关系。比如，20世纪50年代崭露头角的激光，曾引起了人们进一步探索的种种兴趣。什么样的材料能够发出激光？它会发出什么样的激光？哪些材料有激光性质，哪些材料没有？这些都可以运用配位场理论得到答案。

当时，我们国家在激光、络合萃取、催化等科研领域也开展了大量的实验工作，积累了丰富的资料，但也出现许多令人迷惑不解的问题，急需从理论上给予解决。

唐敖庆意识到这是一项有着重要理论价值与实际应用价值的重大的科研课题。他又一次根据国家的急需毫不犹豫地改变了自己的科研方向，带领一个由层次比较高的科技人员组成的研究集体向一个新的科学领域展开了冲刺。本文前述几位学者即是这个研究集体的成员。

三年，仅仅三年的时间，唐敖庆和他的研究集体又在这个当代世界科学的前沿阵地取得了突破性的进展。他们的令人赞叹的研究工作，使配位场理论更加系统化了，形成了一套标准化的计算方法。唐敖庆创造性地定义、引进了一个新的联系群，有限群之间的耦合系数，把物理上从无限到有限的变化，数学上的对称性变化联系起来，把整个配位场的计算层次（原子、八面体对称性分子、三方对称性分子）连成一个带，使每个层次的计算都是标准化的。

这项成果在 14 年后的 1979 年 11 月，由唐敖庆研究集体的两名成员孙家钟、江元生教授带到日本，在第三届国际量子化学会议上进行了交流。许多学者不敢相信这样富有创造性的工作会是在 14 年以前完成的。孙家钟、江元生带到会议上的英文版的《配位场理论方法》未及赠送，即被国际同行“抢”光了。

令唐敖庆和他的研究集体兴奋的不仅是在日本举行的国际会议上的感人情景，不是这项成果曾被 1966 年亚非拉北京科学讨论会评为十项优秀科研成果之一，在 1982 年获得国家自然科学奖一等奖，而是这项成果已在国内外同行中得到应用。我国年轻的物理学家陈创天，应用这种方法系统研究了非线性光学材料的性能，法国学者菲克近年发表的一组论文，其中若干成果就是在他们 1966 年在《中国科学》上发表的论文基础上发展起来的……

正当唐敖庆在配位场理论的高峰继续攀登的时候，“文化大革命”开始了。他的科学研究连同他本人一起遭到了厄运。在那些日子里，唐敖庆心忧如焚。他的思维可以在理论化学的奇峰峻岭之中纵横驰骋，但对现实生活中扑朔迷离的风云和自己遭受的厄运却迷惑不解、一筹莫展。唯一使他憔悴的心灵得到慰藉的就是周总理对加强基础理论研究的一个重要批示和总理语重心长的嘱咐：“不要像浮云一样，过去就忘了！”

看着唐敖庆深陷的眼睛，消瘦的面容，唐师母不安地说：“你的身体都这样了，研究工作放一段再搞吧！”

唐师母是唐敖庆任小学教员时与他相识、定情的。抗战爆发后，这位也当上小学教员的乡下少女日夜悬念在西南联大任教的唐敖庆的安危，竟与同乡两位农妇结伴，由江苏宜兴步行3000余里，走到云南昆明，重演了我国历史上催人泪下的“千里寻夫”的一幕。以后，丈夫远涉重洋到美国留学，她又回到家乡，一人担负起上奉老母、下抚儿女的重任。只是在唐敖庆回国后她才有了一个安定的家，从此她又成了丈夫不可缺少的助手：借阅资料、打印论文英文摘要……唐敖庆对夫人一往情深，相敬如宾。可此时夫人的好心劝告，使他又像听到了那些不准搞物质基础理论的人发出的胡言乱语，他一直压在心头的满腔愤怒竟然对夫人发了出去：

“怎么能不搞呢？不搞是要误大事的！”

这声音像深藏地下滚动的岩浆突然从火山口喷发而出。

老科学家炽烈的爱国热忱是任何力量也压抑不住的。他顶着随时都可遭受“革命大批判”的压力，开始跟踪国际理论化学发展的动态。他发现了一个新的十分活跃的研究领域——对称性守恒原理。“我们又落后了五六年！”他从心底发出了慨叹。一当他得到了能够从事研究工作的条件，便与他的学生孙家钟冲入了这一领域。他们引入一个既包括空间对称性又包括时间对称性的“局部对称性”概念，进一步揭露了分子轨道变化规律的本质，丰富、发展了分子轨道对称守恒原理。

紧接着，唐敖庆又与他的另一名学生江元生教授在另一个新的领域——分子轨道图形理论展开了拼搏。他们提出了三条定理，为化学工作者应用量子化学理论提供了一种有力的工具。这项成果一公布，便在国内外引起轰动。我国著名数学家华罗庚特意撰文，盛赞唐敖庆把数学与化学结合起来，用图论把分子轨道的运算非常直观地表示出来了！当1977年唐敖庆以中国化学考察组组长的身份在他的母校哥伦比亚大学报告这项成果时，许多专家认为这是分子轨道理论问世以来最突出的发展，提高了这一理论的应用价值……

人的生命是短促的，而科学的天地是浩瀚无际的。在归国的三十几年中，唐敖庆几易科研方向，跨入一个个陌生的科研领域，取得了一个又一个具有世界先进水平的成果，为我们古老的民族，为我们伟大的祖国争了光。

祖国也给予了她优秀的儿子以应有的荣誉。唐敖庆多次被授予先进工作者，全国、省市劳动模范的光荣称号，他曾赴京参加国庆观礼，多次当选为全国人大代表，党代会代表和全国政协委员，特别令他难忘的是，他曾20几次见到毛泽东同志，八次亲自聆听过周总理亲切的讲话。

他和他的研究集体，以及他领导的吉林大学理论化学研究所已走向世界，赢得了国际同行们的赞誉。

1979年，卢丁第一次访华，当他与唐敖庆热烈拥抱的时候，激动地称唐敖庆为“中国的量子化学之父”。

这位国际量子化学界最有名的权威的评价并未在唐敖庆心中引起震动，他甚至对“之父”这样的不符合中华民族习惯的用语不以为然。他对他的学生们说：“我的工作都是在国内做的。在国内做的工作，主要应听取国内专家的评价。将来你们在国外做的工作，才应主要听取国外专家的评价!”

“我的工作都是在国内做的”，其中蕴含的意义在唐敖庆看来并不亚于他取得的成果所产生的意义。它展现了一个爱国者的崇高胸怀。

1979年，卢丁第一次访华，当他与唐敖庆热烈拥抱的时候，激动地称唐敖庆为“中国的量子化学之父”。这位国际量子化学界最有名的权威的评价并未在唐敖庆心中引起震动，他甚至对“之父”这样的不符合中华民族习惯的用语不以为然。他对他的学生们说：“我的工作都是在国内做的。在国内做的工作，主要应听取国内专家的评价。将来你们在国外做的工作，才应主要听取国外专家的评价！”

唐敖庆古稀之年，一根根银发染白了他的两鬓，一条条皱纹爬上了眼角。他那副少见的高度近视镜的螺旋还在增加，最高超的摄影师都难于拍出一张能清晰地看到他两眼的照片。然而他还在孜孜以求，坚持不懈地把两眼紧紧盯在国际理论化学的前沿，还像一位英姿勃发、步入科坛未久的新兵，表现出少有的、令人赞叹不已的勤奋和进取精神。

现在，唐敖庆看到理论化学的发展趋势正由静态向动态过渡。他又抓住这个时机，带领他的研究集体从微观反应动力学和研究原子簇化合物的结构规律入手迎头赶上去。

夜色已浓。霍夫曼教授告辞而去。唐敖庆仍沉浸在回忆之中。

他没有陶醉于已经得到的荣誉。当学生们聚在他身旁的时候，他向他们披露了自己的心迹："我常想，有的老科学家一生都很出色，可是往往突然遇到什么刺激就不能从事科研工作了。这是很可悲的。我坚持不懈的工作，就是想用勤奋保持大脑永不衰退，思维能力永不衰退……所以我不会遇到这种情况。"

导师的话，听来似乎平淡无奇，可是它包含的道理是多么深远呀！

在理论化学教育的园地辛勤耕耘

1986年春节刚过，中央台播发的一条新华社电讯，终于证实了人们议论很久，而又不愿变成现实的消息——唐敖庆校长真的要调走了，到北京任新组建的国家自然科学基金委员会主任。

没有盛大的欢送仪式，没有美酒飘香的宴会。

一个春日融融的下午，几位学校领导、化学系和理论化学研究所的教授又来到柳条路那座熟悉的灰色小楼。此时此刻，他们的心情是复杂的，有祝福，也有依恋和惜别。若不是理智迫使他们克制自己的感情，他们将会联名阻止老师的调动……

推开房门，眼前的情景使他们愣住了：只见老师大汗淋漓，头上冒着腾腾热气，唐师母正帮他脱下被汗水浸透的内衣，衣领上印上了一层白碱……

他们一看便知道老师刚刚下课回来。再过几天，老师就要离开长春赴任去了，但还在按计划给他的博士生、硕士生上课。

他们也都多次见过老师下课归来时的情景，然而今天，却好像第一次见到一样，两眼不禁溢满了激动的泪水。

辞别老师，走出那幢灰色小楼，绵绵思绪还在脑海里翻卷。此刻，他们想得最多的不是老师毅然由大洋彼岸回到祖国怀抱的壮举，不是老师取得的举世瞩目的科研成果，而是老师在理论化学这块园地上洒下的辛勤的汗水，结出的丰硕果实……

孙家钟教授时年已满55岁，现在是理论化学研究所的所长，博士生导师。这位把全部精力都用在科学探索之中以至无暇顾及寻找终身伴侣的有名学者，今晚竟无法控制自己的情绪，又回忆起与老师在一起那些难忘的日子。

孙家钟也是1952年来到吉林大学的，当时只有21岁。在大学读书时他就听说吉林大学化学系有一位年轻的教授，名叫唐敖庆，因其博学多才被师生们称为“圣人”。来到吉林大学，果然发现唐敖庆才华出众，他一个人就主讲无机化学、物理化学、物质结构等十几门课，经常同时开二门甚至三门课程，有时一周课时竟达16小时之多。唐先生的课，每一门都有严密的科学体系和独特的风格，深受同学们的欢迎。

他不会忘记，当时的系主任，我国化学界的老前辈、著名化学家蔡镏生先生曾听过两次唐敖庆讲课，十分感慨地说：“基础课讲到这种程度真不容易，有学问!”

唐先生见孙家钟和几位青年教师没有课，便对他们说：“现在我还没有研究生，你们就算我的研究生，我给你们布置书目，你们自己去看，然后咱们定期讨论。”唐敖庆给他们布置的第一部学术专著就是美国著名物理学家费米的《热力学》。除此之外还安排他们到物理系、数学系去听课，然后一起讨论物理、数学方法。

一次，几位年轻的助教要参加一次会议，无法去听数学系的课。唐敖庆知道了，亲切地对他们说：“不要紧，我去听，回来给你们补上！”第二天，老师果然带着几页笔记交给了他们。他们都知道，老师是从来不记笔记的，这几页笔记是老师凭课堂的记忆追记的。

孙家钟对唐先生的严谨学风、宽厚谦和的学者风度耳濡目染，更激发了他献身科学、不懈进取的勇气和信心。他昼夜不舍，忘情地翱翔于书山学海之中。唐先生见了，意味深长地对他说：“有一种人是躺在书上读书，有一种人是站在书上读书。前一种人完全听信作者的，被作者牵着鼻子走；后一种人则经常和作者争论，作者讲得对他就听，作者讲得不够清楚，他就想办法替作者讲清楚。”孙家钟听了，面颊立即泛起红晕：“我不就是先生讲的前一种人吗！”从此，孙家钟在读书时着意锻炼独立思考能力，果然发现，即使最有名的科学家，他的著作也常常是有成功的地方，也或多或少有不足的需要完善的地方。

“唐先生，再给我开一些书目吧！”孙家钟渴望读更多的书，充实自己的头脑。

唐先生慈祥的脸上挂着满意的微笑：“家钟啊，打基础可是一辈子的事。现在你的学业有了一定基础，最要紧的是马上搞科研。你年轻，早一些开展科研工作会得到锻炼，更多地出成果。念书和科研并不矛盾，两者可是相互促进的呀！”

孙家钟不停地点头，他由衷感谢先生切中要害的指教。

“这是我想到的一个新的科研题目，你拿去练兵吧！”老师把一项自己已有了模式的课题给了自己的学生。

在唐先生的指导下，孙家钟很快完成了他的第一篇学术论文《分子的平均链长》，迈开了在漫长科学高峰跋涉的第一步。

他永远也不会忘记发生在1960年的一件事。孙家钟寄给《物理学报》一篇论文，这篇论文经我国物理学权威黄昆先生审阅后，编辑部决定刊发。恰好唐敖庆赴京知道了这件事。他看了孙家钟的论文，觉得尚有修改的必要，便带回长春。孙家钟很不理解老师的用心。唐先生十分严厉地说：“我们是中国人，要写出中国人的水平！”孙家钟听从了先生的教诲，补充了论文中缺少的实际计算。从此，他每写一篇

论文都力争达到尽可能完善，直到自己满意才拿出去发表。

如今，孙家钟已像他敬爱的导师一样，开始培养自己的博士研究生了，他的50几篇学术论文已使他闻名于国内外量子化学界。当他回首自己在科学上的建树时，总是首先想到他在科学道路上的领路人唐敖庆先生："我从唐先生那里'捡'到一个研究生学位。唐先生的教诲对我的科研生命起到了至关重要的作用!"

江元生是一位50刚刚出头的中年教授，博士生导师，全国政协委员。同孙家钟一样都是国家学位评定委员会的委员。他是唐先生在吉林大学培养的第一批研究生中的一个，他和老师培养的60几名研究生一样，在治学与科研上从导师身上得到的教益，与孙家钟教授是共同的。但是，作为唐先生的"正宗弟子"，他在与唐先生更频繁的接触中，所得教益更多，感触也更深。

他参与了唐先生配位场理论的研究，是唐先生从事高分子反应统计理论、分子轨道图形理论研究的重要助手。他与导师一起分享了党和国家给予的荣誉。但他内心一直在想，导师科学上的贡献在他对国家作出的全部贡献之中并不算是主要的。他主要的精力、心血和智慧大量地花在了培养我国化学方面的教学、科研人才方面，特别是高级理论化学人才方面。衡量先生的成就不能单纯看他的学术成果、论文、专著，还要看他培养的一代又一代学生，和他们的科研成果。

为了他的学生，先生度过了多少不眠之夜，舍弃了多少次出国协作、讲学的机会。他在校内、省内和国家担任20几个公职，又要从事科学研究，但从未影响他的教学工作。即使在国内外出开会，他回来也要把缺的课补上……先生这种在理论化学不懈耕耘、孜孜以求的精神，在世界上也是不多见的。

1963年初夏，一个华灯初上的夜晚，江元生应老师之邀，来到那幢灰色小楼。进了那间小会客室，只见已有7人先到了。除本校的孙家钟外，还有他的"师兄"、已分到云南大学的戴树珊，早于他毕业的在北师大任教的刘若庄，那几位是谁呢？后来，他才知道，其中一位是在厦门大学任教的张乾二，是卢嘉锡先生引荐来的，另两位是在四川大学任教的鄢国森和谷正，他们是由著名数学家、四川大学校长柯昭引荐的……江元生想象不到，一个国内闻名的由高层次科研人员组成的科学研究集体（当时这8人中有5人是副教授，3人是讲师）就在这天晚上诞生了。

他已经知道，唐先生受教育部之命，正要开展配位场理论的研究，可他还不理解老师为什么要组织这么多人一起从事这项研究，而且他对这么多已有各自独立的科学研究方向的科技人员是否能进行有效的合作表示忧虑。因为在国内进行这样形式的研究还是第一次呀！

好像是回答江元生心中的疑虑，唐先生说："我们举办这次物质结构讨论班（配位场理论属物质结构范畴）目的有两个：第一是为国家培养高层次的教学、科研人才；第二就是要在短时间内拿出高水平的科研成果。我们要向世界证明，中国人依靠自己的力量也能做出第一流的工作！"

先生那平静的话语似有千钧之力，震动了每个人的心。

先生亲自主讲了英国著名科学家格里菲斯总结世界各学派研究配位场理论最新成果的《过渡金属离子论》这部科学专著，还邀请国内知名专家讲授了最新的物理方法、数学方法。从一开始，就把"八大弟子"和来自全国各地的20几名进修教师引上了世界科学的前沿。

"八大弟子"很快就意识到，在这个由名师领导的研究集体里是并不轻松的。唐先生没有把他们仅仅看成是学员和助手，而是看成名副其实的合作者。他分给他们每个人一个题目，让他们调研文献，给大家讲课，把每个人的收获变成集体的血肉。紧接着，他们又被分成几个组，每个组确定一个主攻方向，分工协作地开展研究。在那充满争论而又和谐的气氛中所诞生的五篇论文和一部学术专著，有谁记得清，哪一个观点是谁最先提出来的？那一个数据是谁计算出来的？

人们称道这个研究集体，往往首先想到的是他们取得的科研成果，与这一科研成果相伴而生的为科技界提供许多有益经验的研究集体本

唐先生在那是非颠倒的岁月仍在坚持理论化学的教学工作。

身不是更值得称道吗？

唐先生以这样的方式为国家培养高层次的教学、科研骨干不是第一次，也不是最后一次，从而奠定了他在我国理论化学开拓者、奠基人的地位。

江元生怎能忘记，唐先生在那是非颠倒的岁月仍在坚持理论化学的教学工作。他顶着多么大的压力呀！他那时就已年过 60，却不辞劳苦地奔波于大江南北，北京、南京、兰州、福州、厦门都留下了他的足迹。

1975 年五、六月间，上海正是骄阳似火，热气袭人，唐先生与江元生应上海有机化学所的邀请，到上海办了一期量子化学短训班，所内外有二百多人前来听课。可是王洪文在上海的小兄弟放出风来，说什么“吉林的教授怎么到我们上海讲学来了？”他们设置障碍，制造困难，将原定 3 个月的课程，硬是逼着两个月讲完。唐先生每周都要安排4个半天讲课，有时甚至要安排6个半天。他忙于讲课，还要亲自撰写讲义。在两个月的时间里，在蒸笼般的屋子里写了近20万字讲义，平均每天要写3000字！没有小车接送，每次上课，先生都是由住处乘公共汽车前往。有几次，天下起了瓢泼大雨，汽车暂时停运。听课的人以为唐先生不会来了。正当他们做着种种猜测的时候，唐先生突然走进教室，他衣衫湿透，面颊淌着雨水和汗水，非常抱歉地对大家说："耽误了大家时间！"学员们的两眼情不自禁地湿润了，老先生是一步一步走来为我们上课的呀！"唐先生您休息一下，换一下衣服，先擦擦身子！"学员们有的脱下了自己的衣服，有的递上毛巾……

还有一次，唐先生由于过度疲劳，在讲台上昏了过去。学员们立即围上去，帮他解开衣服，要送他到医院。这时唐先生苏醒过来，笑笑说："没什么，咱们接着讲！"

老科学家对晚辈的拳拳之心，令所有人为之动容。

"听唐先生一节课，就好像读了一部书！"

"听唐先生一节课，胜过已往几年的学习！"

这是学员们的由衷赞叹，也是对唐先生最崇高的嘉奖！

江元生不会忘记，唐先生虽然一生致力于长远的科学课题的探索和研究，但他始终想着为应用研究提供理论依据、信息和方法。他把这看作理论与实际相结合的一条重要途径。

有一年，唐先生接到一封从无锡树脂厂寄来的信，写信人是一位名叫任晨光的技术员。在信中，任晨光向唐先生报告，他搞的一项技术革新可使生产原料回收80%。唐先生兴奋之余，发现他革新成果的理论推导是错误的。唐先生急于纠正他的错误，又恐在一两封信中难以讲清楚，于是亲自赶赴无锡。他向任晨光详细询问了革新情况，耐心地向他讲解了一些理论问题。回到学校后，他又让实验室的同志做了多方面的验证，终于搞清了这项革新的理论问题。

唐敖庆追求的并且为之奋斗几十年的目标正在实现，一大批理论化学的教学、科研人才正在茁壮成长，理论化学这门学科在我国正在由年轻走向成熟。当后来者闯入这个学科的时候，他们不会忘记这位卓越的爱国科学家和他为此作出的杰出贡献！

唐敖庆的贡献

唐敖庆长期致力于理论化学的科研与教学工作，他在分子内旋转理论研究中取得的成果，获中国科学院1956年自然科学奖三等奖。他和他的研究集体的配位场理论方法的研究成果获1982年国家自然科学奖一等奖。高分子固化理论、分子轨道图形方法及应用获国家教委1986年科技进步奖二等奖。他被公认为我国理论化学的开拓者与奠基人。他发表过100多篇科学论文，六部学术专著，其中《配位场理论方法》获全国优秀科技图书奖一等奖。

一位老科学家的启示录

——记空气动力学家、教育家沈元

沈　翔

一个科学家的最大心愿是把自己的一切才智奉献给祖国的科学事业。

——沈元

沈元（1916—2004）

沈　元　简　介

沈元（1916—2004）祖籍福建省福州市人，空气动力学家，航空工程学家，航空教育家。1940年毕业于清华大学航空工程系。1943年考取公费留学英国伦敦大学帝国理工学院，1945年以高亚音速流体流过物体时的流动计算的论文获博士学位。这项研究成果，对当时了解跨音速飞行中的气动力学问题，具有开创意义，受到国内外空气动力学界的重视。1946年回国，历任清华大学航空工程系教授、系主任、航空工程学院院长。1952年任北京航空学院副院长。长期从事航空教育组织领导和科研指导工作。1964年、1979年连续当选为中国航空学会第一、二届理事长。1980年被选为中国科学院学部委员，并任北京航空学院院长、国务院学位委员会委员。1980年11月被选为中国科学院数学物理学部常务委员，1983年起任北京航空学院名誉院长。1985年，任国家教育委员会高等学校工科力学课程教学指导委员会主任委员。1980年、1986年连续当选为中国科学技术协会常务委员会委员，和第五、六届全国政协委员。

朋友，您是否乘坐过旅客飞机？假若坐过，那么您一定会领略到乘坐飞机翱翔在蓝天的美好情景，也一定会为人类征服大自然，创造出快速、安全、舒适的飞机而感到骄傲和自豪。然而，您是否曾想到过，有多少仁人志士和杰出的科学家为开拓和发展航空事业所作出的卓越的贡献。自 20 世纪初，世界上出现了第一架持续的、有动力装置的、可操纵的飞机之后，世界航空事业跨入了一个从开创到不断发展的新阶段。在这个阶段中，航空事业每发展一步都涌现出了一大批杰出的人物。他们当中，有的被誉为航空的先驱，有的被誉为飞机设计师，有的被誉为空气动力学家，有的被誉为航空教育家……他们的事迹和献身精神被后人传为佳话，并激励着人们不停地为航空事业的发展作出新的贡献。为了探索当今科学家献身祖国科学事业的真谛，我特地访问了我国著名的空气动力学家、航空教育家沈元教授。那是 1986 年 5 月的一天，主人热情地在寓所的会客室里接待了我。当我说明来意后，他非常谦逊地说："我的经历，对朋友们不一定有启示，但为什么要立志献身祖国的航空事业，说来话就长了。"沈元教授沉思了片刻，便向我讲述了他的过去和将来。

神圣的志向

纵观众多的科学家的成长道路，可以看出，尽管他们有着全然不同的出身、经历和机遇，启迪他们立志成才的环境、条件、时间、空间也不完全相似。但坚定自己所确立的志向并为之而努力奋斗，却是科学家们共有的特征。沈元犹如许许多多著名的科学家一样，从青年时代就选定了献身祖国科学事业的志向，并在以后充满坎坷的人生道路上，坚持不懈地追求着自己所选定的神圣的志向。沈元于 1916 年出生在我国东海之滨福州城内的一个世代手工业家庭里。他的先辈有着传奇般的故事，这在当地父老中已广为流传。早在清代乾隆年间，沈元的六世祖髹漆名匠沈绍安是我国著名的福州脱胎漆器的创造人。从六世祖开始，就将脱胎漆器技术和工艺一代一代流传给后人。到了光绪年间，沈元的祖父沈正镐继承和发扬了先辈的传统技艺，制作了许多精美的脱胎漆器，以其精湛、巧妙的髹漆工艺饮誉海内外，与北京的景泰蓝、江西景德镇的瓷器并驾齐驱，被誉为中国传统工艺的“三宝”，享有很高的声誉。按照传统的习惯，世代的漆器绝技都由长子继承，而沈元是他父辈的唯一儿子。因此，家庭对沈元寄予非常大的希望。从小聪明善于思考的沈元在祖父和父亲身边经常接触到精美的工艺制品，日久也学会了一些技艺。到了沈元父亲沈德铭一辈，由于时局的动乱加之经营不利等等原因，家道中衰，每况愈下。为此，父亲寄希望于沈元尽快掌握祖传绝技，学会经营，以继承家业，振兴漆器业。然而，好心的父亲并不了解儿子的真正心思，以后，一件又一件事实表明，沈元所选择的道路完全出于父亲的预料之外。他，选择了与漆器毫不相关的航空事业作为自己神圣的志向。沈元教授告诉我：“当时，启迪和影响我超出家庭圈子来看问题并热衷于科学，进而对航空产生浓厚兴趣的原因是屈辱破败的旧中国和一位受尊敬的中学教师。”

1931—1935 年间，沈元在读过几年私塾之后插班到教会办的福州英华中学初中三年级学习。当时，正是日本帝国主义侵略中国的年代，日本侵略军使用飞机、大炮首先侵占我东北全境，以后又将战火扩张到其他领土。日本军阀的侵略行径，激起了中国人民的强烈反抗。听当地老年人讲，日本人的侵华野心是因为他们拥有大量的飞机和大炮，他们依仗着这些武器到处侵略、烧杀、掠夺。这在年幼的沈元的心灵中，留下了深刻的记忆，播下了仇恨的火种。特别是一位名叫陈衡庭的进步爱国老师，从政治思想上启发和教育了沈元。他的言行对沈元走上科学家的征途起了决定性的作用。

那时，在福州英华教会学校里，有一半学生是不信基督教者。为此，校方专为不信教者开设了公民课，课程设有哲学、逻辑、伦理等方面的内容。主持公民课的陈衡庭先生利用讲课的机会，时常向学生

日本军阀的侵略行径，激起了中国人民的强烈反抗。听当地老年人讲，日本人的侵华野心是因为他们拥有大量的飞机和大炮，他们依仗着这些武器到处侵略，烧杀、掠夺。这在年幼的沈元的心灵中，留下了深刻的记忆，播下了仇恨的火种。特别是一位名叫陈衡庭的进步爱国老师，从政治思想上启发和教育了沈元。他的言行对沈元走上科学家的征途起了决定性的作用。

们讲述，中国之所以惨遭他国侵略、欺辱和掠夺，除政治上腐败之外，国家不发达，国防不强大，科学技术落后也是极为重要的原因。因此，中国的出路在于改变不合理的社会制度和发展科学技术，使国家富强起来。他鼓励学生们刻苦学习，为祖国的强盛而献身，为闯出一条“科学救国、工业救国”的道路而奋斗。老师的启蒙和教育深深地影响着沈元的言行，使他对科学产生了浓厚的兴趣。浩渺的科学海洋激发了他追求科学的热情，唤起了他立志科学事业的理想。

每当沈元教授回想起这段往事时，他总是深有感慨地说：“当时的社会环境使我激发了爱国的热情，而启蒙老师的教诲却使我树立了科学救国的思想和为祖国航空事业献身的决心。尽管当时并没有完全理解科学救国思想的深刻含意，然而，它却占据了我整个心灵并影响了我今后的一生，以至几度出现三岔抉择时，都没有动摇和影响我对理想的追求。”

立志献身于祖国的航空事业，对沈元来说是神圣和不可动摇的。而对他的家庭成员来说却感到十分的意外和不可理解。

成功的道路

博士学位是令人神往的！它标志着荣誉且联系着前途。但取得博士学位，对每一个有志的学者来说，并非一件容易的事。在通往博士的道路上，要经受各种考验，既要有刻苦的精神和坚强的毅力，又要有广博的知识和开拓性、创造性的能力。

沈元于 1945 年，在英国伦敦大学帝国理工学院仅用了两年时间就成功地取得了哲学博士学位。然而，尽管沈元从小学习成绩优秀，具有探索未知的特点，但只花两年的时间，便拿下哲学博士学位，这在当时，对沈元来说也并非易事。在成功的道路上，沈元花费了高于普通研究人员几倍的研究时间，饱尝了探索未知的酸甜苦辣。

有一个安定的大学生活环境对探索未知乃至攻读博士学位是至关重要的。然而，沈元的大学生活却是在动乱中度过的。

1935年，沈元从福州英华中学高中毕业后，因家庭经济原因失去了报考大学的机会。因此，只能到毕业前就已被学校保送录取的燕京大学化学系学习（有奖学金）。但由于所学专业和沈元学航空工程的志向不相符。于是，沈元又于第二年，以第三名的优异成绩，考进了清华大学机械系，学习航空工程，实现了他梦寐以求的愿望。进入清华大学的第二年，即1937年10月，爆发了卢沟桥事变，日本帝国主义发动了全面侵华战争。清华大学被迫仓促撤到湖南长沙，同北京大学、南开大学合并成长沙临时大学，临时大学的工学院部分借用岳麓山下湖南大学的部分房屋开课，度过了一个冬天。1938年，日本侵略军又扩张南下，战火烧到长沙，沈元不得不又跟随着300多名师生，背着简易的行李，跋山涉水，先后步行2000余里，穿越湘、黔、滇三省，转移到昆明。到了昆明之后，三校正式合并成立了抗战时期西南最高学府——西南联大。抗战时期的艰苦生活是可想而知的。西南联大的师生们在简陋的校舍里，在仪器设备极端缺乏的条件下，忍饥挨饿坚持教学。著名的数学家华罗庚是当时西南联大数学系的教授，他曾写过这样一首诗：

寄旅昆明日　金瓯半缺时
狐虎满街走　鹰鹑扑地飞

这首诗，描写了当时的时局和生活情境。

沈元教授回忆说：“当时尽管条件差，生活艰苦，但师生们非常齐心和团结，大家不为艰苦环境而沉沦，大多数学生都是满腔热情、斗志昂扬、奋发努力、刻苦钻研。学生们懂得，今天的努力学习是为了明天创造一个更美好的世界。”1940年，沈元和应届毕业的同学们一起在动乱中结束了大学生活。临毕业时，大多数同学都取得了优异的成绩。其中，许多校友在以后的社会主义建设的伟大事业中作出了巨大的贡献。

有一位朋友说得好，逆境能使人奋发向上，逆境能锻炼人的意志，从逆境中过来的人，更懂得生命的价值，人生的意义。

机遇往往能使人生发生转折。沈元犹如许多有幸者一样，在人生的道路上遇到了一个偶然的机会，从而使他走上了通往博士的道路。

1940 年，英国著名的科学史家李约瑟博士受英国文化委员会的委托，来中国开展中英科学合作和交流，他在云南、四川、贵州等地参观访问了许多学术单位。以后，在重庆建立了一所中英科学合作办事处，其目的在于向中国提供科学方面的图书仪器，交流两国间的科学论文，安排两国学者互访和讲学，推荐中国的学者去英国进修并从事科学研究。1943 年，留在西南联大航空系任助教的沈元，被学校推荐并考取了英国文化委员会提供的奖学金，由当时李约瑟博士主持的中英科学合作办事处介绍到英国伦敦大学帝国理工学院航空系当研究生，攻读博士学位。

客观环境为沈元提供了向世界航空科学新领域挑战的机会。当时年仅 26 岁的沈元不失时机地抓住了这个机会，迎接了严峻的挑战。

20 世纪 40 年代中期，由于世界航空技术的突飞猛进，使世界航空事业进入了一个全盛的时期。这个时期最显著的标志是由活塞式发动机飞机向喷气式发动机飞机过渡。在这个过程中，除了要解决飞机的动力装置由活塞式向喷气式发展外，还要相应地解决飞机速度由亚音速向超音速冲击的一系列理论与实践问题。当时，装有活塞式发动机和螺旋桨的飞机，最大平飞速度已达到每小时 700 多千米，飞机俯冲飞行时，其速度很容易接近音速。但是，飞机的阻力激增，升力下降。在这种情况下，飞机往往发生剧烈的抖振，出现不稳定的飞行状况，甚至失去操纵，造成严重的机毁人亡事故。人们将导致这种事故的根源称之为“音障”。即飞机的飞行速度接近音速时，进一步提高飞机速度所遇到的障碍。为了突破音障，首先要找出亚音速、跨音速、超音速的空气流动特性，根据这些特性，再采取相应的飞机外形和机翼形状，以适应和满足提高飞行速度的要求。

沈元的研究工作，正是针对这方面的问题展开的。他研究的目的是为了探讨飞机机翼由亚音速向音速逼近时的空气动力问题，从中找

出规律和特性，以指导实际工程。

在英国，授予博士学位一向是非常严格的。英国的博士学位分为两种。其一，经过注册入学并在科学研究的基础上写出高水平的论文，经考试答辩合格后，才授予博士。这种形式的博士称之为哲学博士，一般要用3年时间才可能攻读下来。其二，不需注册入学，在从事科技工作多年，取得了显著的成就并发表有多篇著作后，经申请批准，授予博士学位。这种形式的博士称之为科学博士或工程博士。

沈元所要攻读的是哲学博士学位。为争取在国外能学到更多的东西，尤其是深入到航空科研机构，直接参与实际工程的研究工作，以取得实际经验，沈元经过反复考虑之后，便向他的导师贝尔斯托教授提出用两年时间攻读哲学博士学位，然后用一年时间去实地考察。这种大胆的设想，使他的导师非常惊讶！同时，又为沈元的创新精神和刻苦攻读的毅力所感动。他理解这位来自东方文明古国的年轻学者，速学成效的迫切心情。他表示愿意在以后的研究工作中，全力支持并指导沈元。沈元的内心是激动的，为自己有幸遇到这样一位导师而由衷高兴。

我问沈元教授，当时计划用两年时间攻克哲学博士学位是如何考虑的，有无成功的把握？沈教授说："我深感攻克哲学博士的难度，特别是仅用两年时间来完成需要用3年时间完成的研究课题。但我在大学高年级时以及当助教时已具备了阅读外文科技文献的能力和自主地分析、研究和探讨问题的习惯。同时，我查阅了有关阐述亚音速逼近音速的空气动力学理论的公开学术论文，研究了空气动力学家的不同研究成果。尤其是，我的导师贝尔斯托，将他尚未完全写成的科研工作笔记借给我阅读，使我能在较短的时间里，熟悉和掌握当时国际上较先进的航空技术并了解到许多新的学术思想和学术动态。因此，我心里比较坦然。"沈教授接着讲到了他当时也深感要取得成功，关键在于个人的奋发努力。同时，他还认为，找准研究工作的突破口至关重要，突破口找不准，往往事倍功半。他高兴地讲道："当时我选择的突破口是以二维不可压缩流体绕圆柱体流动的理论解为基础，根据在速度面上可压缩流动与不可压缩流动方程的一般解的对比，找出从不可压缩流体绕圆柱体流动过渡到可压缩流体绕近似圆柱体的变换公式（可以有不止一种变换公式），然后再将此绕近似圆柱体的可压缩流动转变为绕翼型的可压缩流动。以后，实践证明，我选择的突破口，是正确可取的，符合客观实际。遗憾的是，由于当时没有电子计算机，计算工作量太大，我的论文只完成了第一步的工作。”沈教授又讲道：“研究工作的另一点值得注意的是，任何研究工作和新领域的突破都是在前人研究工作的基础上不断地深入、创新而成。因此，注意积累前人的研究成果，从中发现问题，取其精华，对研究工作大有益处。”

沈元教授所谈的是集几十年经验之精华，十分有道理。在他步入研究工作之前的1940年，有一位名叫凌来勃的德国人，就已经开始研究类似这方面的问题。他推算出的速度面上的方程式，说明了流线运动到一定的速度后，会出现极限线和折点的规律，并画出了简单的示意图。在1942年，两位英国专家进一步研究了类似的问题，得出一个新的速度面的流函数，并用新的图展示了流动中出现极限线和折点的规律。

沈元研究了他们的工作，认为他们的理论均只限于有限项的解，因此，在图示上无法得出绕任何柱形体的跨音速流动解。他们的发现虽没有针对如何解决实际工程的应用问题，但研究的思路可取。

在研究和吸取他人经验的基础上，沈元经过大量演算和反复试验，终于在两年时间里，取得了科研成果，写出了题为《高马赫数下绕圆柱的可压缩流动的理论探讨》的学术论文。论文阐述了不可压缩流动的解和可压缩流动的解的变换关系，证明了变换后的流函数（以无穷级数表示）的连续性和收敛性，而且画出了相对应的图示。

沈元的演算公式比前二人的更为完善、科学、适用。了解当时计算机技术水平和无穷级数计算特点的朋友，必然会想象得到，当时沈元用手摇计算机计算，其难度和工作量是可想而知的。然而，他不仅得出了精确的演算结果，而且还画出了准确的图形。这在当时确实是一个创举和发明。

沈元严谨的治学态度和奋发努力的精神以及他拥有的渊博学识，深为他的导师所赞叹，认为这是一位有潜力的非凡学者，是中国人的骄傲。

使沈元感到振奋和鼓舞的是，他回国以后得知，他的研究课题和研究思路与我国著名的空气动力学家钱学森和郭永怀在同一时期进行的研究大略相同，这使刚刚步入研究工作领域的沈元，增加了继续研究的信心和决心。沈元的研究成果，得到了科学界的好评，认为他从理论上探讨了无冲击波跨音速绕流的可能性。他第一次从理论上，得出了高亚音速绕圆柱体流动的流线图、速度分布以及在某一临界马赫数以下流动可加速到超音速而不致发生激波的可能性。即：从理论上探明了，在保证安全的前提下，有可能使飞机速度增加到最佳指标。这篇论文的摘要，发表在英国皇家航天研究院的内部报告中。1947年，在世界权威性的英国皇家学会会志第191期上，伊思利先生发表了这一理论计算的更完善的方法，并介绍了沈元论文中计算的结果，定性地说明了这一流动的演变过程。1956年，英国出版霍互斯编的《近代流体力学发展——高速流动》第一册，也摘录了沈元论文的主要方法及结果，作为这种流动计算的一个重要例证。沈教授回忆当时的情景时说："当时，我的研究工作还得到了国内老前辈的支持和鼓励。如1964年上半年，享有盛名的物理学家周培源，在到法国巴黎出席国际应用力学学术年会时，得知我的研究成果后，专程从法国赶到英国，向我了解这项研究的进展情况。周老对我的研究给予了充分的肯定和评价，还鼓励我继续研究下去。对此，我是非常感激的。"

1945年夏季的一天，在英国伦敦大学举行了庄严、隆重的授予学位仪式。身穿红袍黄边的博士礼服，头戴圆形博士帽的沈元，接受了哲学博士的学位。同时，英国皇家航空学会授予他副高级会员的称号。此时，沈元年仅29岁。作为来访者，我十分敬佩地对沈教授说："人说30而立，可沈教授不到30就站起来了，攀上了科学高峰，为中国人争得了荣誉，实在了不起。”沈教授谦逊地说：“当时确实为取得学位而感到高兴，但想得更多的是，如何报效祖国，实现自己‘科学救国，工业救国’的夙愿；同时，也深深地感觉到，取得博士学位固然重要，但这仅仅是良好的开端，科学是无止境的，只有不断地追求、探索，才可能揭示新的奥秘，造福于人类，再有，理论上突破固然重要，但更重要的在于将理论与实践结合起来，使书本上的公式、图表应用于实际工程中去，并通过实际应用进一步检验和发展理论。”讲到这里，沈教授联系到当前的形势谈了点自己的想法。他认为：“我们国家经济要发展，必须解决好理论与实践、科研与生产的结合。过去，严重地存在着互相之间脱节、封闭的现象。按理说，我们完全可以将一大批高水平的研究成果转化为生产力，但实际工作中却往往没有处理好。抓生产的同志往往忽视基础研究的重要性，搞科研的同志又往往不重视实际应用，造成这种现象的主要原因是体制上的弊病，缺乏中间环节的组织体制。现在，中央已制订了经济建设必须依靠科技进步，科技工作必须面向经济建设的战略方针，作出了关于经济、科技、教育体制改革的决定，在实际工作中采取了一系列切实可行的措施，使得相互脱节的现象有所好转。当然，在这个问题上仍需各方面通力协作，其中包括我们自己在内，无论是科研或教育工作都要认真贯彻‘面向、依靠’的方针，要为经济建设服务。”

可能是从小受手工业家庭的熏陶和影响，沈元无论在读书、执教、科研工作中，还是在行政领导岗位上都比较重视和提倡理论与实践、动脑与动手相结合。通过下面几件事例，我们更能清楚地了解沈教授的独特风格，并从中得到有益的启示。

在西南联大当助教的两年多时间中，沈元负责建立当时西南联大航空系的发动机实验室。他和一位技工合作，利用一台汽车发动机，一台旧的水力测功计，一些旧的飞机仪表和旧零件组装了一套教学用的发动机实验设备。这套设备后来搬回清华大学一直用到北京航空学

沈元在英国取得博士学位后，便主动提出，到英国制造发动机的罗·罗公司去实习。因为那里是世界上最新发动机的研制基地。当时，罗·罗公司研制的喷气式发动机正是针对飞机提高飞行速度需要更换螺旋桨式发动机这个问题展开的。所以，到那里去实地考察生产技术，不但可以了解新型发动机的构造和生产，还可以探明发动机对飞机外形及空气动力学理论的要求。

院建院时为止。

沈元在英国取得博士学位后，便主动提出，到英国制造发动机的罗·罗公司去实习。因为那里是世界上最新发动机的研制基地。当时，罗·罗公司研制的喷气式发动机正是针对飞机提高飞行速度需要更换螺旋桨式发动机这个问题展开的。所以，到那里去实地考察生产技术，不但可以了解新型发动机的构造和生产，还可以探明发动机对飞机外形及空气动力学理论的要求。

1946 年沈元教授回国后，一方面继续他的研究工作，从绕圆柱体的高亚音速流动的研究发展到绕椭圆柱体的高亚音速流动规律的研究。另一方面，他也十分注重实验室的建设。为了开展空气动力试验，他亲手设计并监造了一座 30 尺×40 尺（1 尺≈0.33 米）的椭圆工作段回流型风洞。

以后，在北京航空学院的教学与科研工作的领导岗位上，他参与并主持了北京一号多用途运输机、北航 2 号探空火箭和北航五号无人驾驶机的控制设备等几种飞机型号和辅机设备的设计方案，他还支持并建立、健全了许多科研试验手段和条件。并同许多生产部门、科研单位建立了广泛的密切联系……

沈元走过了一段艰辛而成功的路程，然而在他前面却又展现了一条更加艰难而曲折的道路。

炽热的追求

沈元教授不仅是一位著名的空气动力学家，而且也是一位卓越的教育家。他不仅追求祖国的科教事业，而且也追求人生的真正意义。

不少朋友一定还记得关于沈元教授的一段佳话。那是 1978 年全国科学大会前不久。作家徐迟发表了报告文学《哥德巴赫猜想》，沈元从报刊上读到关于陈景润的事迹后，不禁喜出望外，他为祖国自己培养出年轻的数学家而感到高兴，同时又为报告文学中提到他曾对陈景润起了启蒙教育的作用而感到激动和不安。当即提笔写了一封长信给陈景润，信中写道："你的卓越成就，是你在党的培养下和老科学家的指导下，不畏艰苦、勇攀高峰，辛勤劳动的结果。至于你成长过程中，我对你的微薄帮助，那是完全应当的。我为有你这样一位学友而感到自豪。望今后在攀登科学高峰的征途中再接再厉……"陈景润对沈元的感情是很深厚的。有一次，华罗庚、沈元、陈景润三人会见时，陈景润又一次谈到："我能在事业上获得一点成就，除了党的关怀支持外，沈元教授关于'科学的皇后是数学，数学的皇冠是数论，而哥德巴赫猜想是皇冠上的明珠'的讲话是启发我对数学产生浓厚兴趣的主要原因。而华罗庚教授是我攻克数学难关的引导人，这两位先生均是我终身难以忘怀的老师。"

几十年的教育生涯，能使沈元教授感到最大宽慰的莫过于看到自己的学生走到了科学的前沿。可以说，沈元教授的一生主要是和教育工作紧密地联结在一起的。1946 年夏天，沈元由英国回到祖国后，就一直在航空教育战线上，为祖国的教育事业勤勤恳恳、尽心尽力地工作。起初，他受清华大学的邀请，任航空系副教授、教授系主任。并担任由清华大学、北洋大学、西北工学院和厦门大学航空系组成的航空工程学院的院长。1952 年，全国院系调整，将四川大学、北京工业学院、云南大学的航空系和西南工业专科学校航空专修科同清华大学航空工程学院合并，建立了全国第一所培养中国航空航天工程技术和科学研究人才的高等学府——北京航空学院。从那以后的几十年的时间里，沈元教授的命运就同北航的命运联系在一起。在沈元教授的家里，一直珍藏着一份聘书。那是 1953 年 1 月 14 日由毛泽东主席签署的一份任命通知书，当时年仅 36 岁的沈元作为专家被任命为北航的副院长。

建校初期的北航，由于院级领导中只有沈元比较熟悉教学和科研业务工作，因此无论是基本建设、师资培养，还是教学和科研上的重大问题或措施无不需要沈元参与决策。他实在没有更多的时间和精力再继续深入地研究空气动力学问题了。有人曾问沈元教授，作为一个专家放弃专业研究，而从事繁杂的行政领导工作不感可惜吗？沈元教授回答说：“当时在思想上曾有一段反复认识的过程，也曾想用全力在空气动力学理论方面继续深入研究，并在航空工程发展方面做些工作，可是在当时，祖国的航空航天事业迫切需要专门人才，国家需要一部分专业人员从事教育行政领导工作。因此，我不能辜负党的信任和期望，应该将主要精力投身于培养航空航天人才的伟大事业中去。这也是我立志献身祖国航空事业的一份心愿。”

沈元教授之所以能这样想，这样去做，是同他的爱国热情和他对党的忠诚分不开的。

追溯往昔，早在1935年下半年，当时正在北平燕京大学学习的沈元就曾积极地参加了“一二·九”运动，投入正义的爱国青年行列，书写抗日标语和校旗标志，不畏警察的皮带鞭打和水龙的冲击，勇敢地参加了示威游行。

1946年，当沈元在英国深造取得博士学位后，英国伦敦大学以优厚的待遇聘请他留在英国继续研究深造。然而，沈元谢绝了高薪聘请，按计划在英国发动机公司实地考察技术后，便果断地返回到满目创伤的祖国，为开拓祖国的航空事业，为履行自己献身祖国航空事业的诺言而奋斗。

新中国成立前，国民党把持了航空委员会，统揽了航空科学研究，要想进入这个机构，首先必须加入国民党，但沈元对国民党的所作所为，早已深恶痛绝。他先后两次顶住国民党的劝告和威胁，拒绝进入航空委员会。

1946年，沈元回国后不久，他的一位亲戚在当时的中国航空公司当经理，沈元本可以到那里得到待遇优厚的工作，但因不符合沈元献身科学的理想，便舍弃了这个机会。

相反，沈元却接受过多次不平凡的邀请。如他曾接受过清华大学的邀请，回到母校航空系任助教，为培养航空人才出力。新中国成立前夕，他又积极参加由中共地下党领导的护校活动，坚决抵制国民党当局

搬迁清华大学的企图，接受了当时在校航空系的中共地下党员何东昌、屠守锷等人的推荐，出任航空系主任，有力地回击了国民党的阴谋。

沈元教授曾经讲过："作为一个学者，不仅要有学术上的造诣，更重要的要有正确的立场。同样也要解决好为什么人的问题。"几十年来，沈元不断地实践，努力探索人生的真正价值。

1956 年 11 月的一天，沈元光荣地加入了中国共产党，从此他在政治上更成熟了。每当回忆这个难忘的时刻，沈元总是深有感慨地说，"一个从旧社会过来的知识分子，受到党的信任和重用，是终生难忘的。然而更重要的是，要为党的事业去努力工作。"像许许多多科学家一样，沈元教授没有逃脱"文化大革命"的冲击。尽管这样，他始终坚信马列主义，坚信真理必然战胜邪恶。即使在劳动改造和非法拘禁时，他仍然始终认为乌云终会过去，前途是光明的。坚信中国的发展和繁荣，离不开科学技术，离不开科学知识，离不开科技人才。历史是公正的，沈元教授坚强地挺过来了。他熬过了隆冬严寒，迎来了和煦阳春。沈教授兴奋地说："党给了我们新生，今天我们要将失去的时间弥补回来，在科学的春天、教育的春天里，我们更应加倍努力地工作，为党的事业多作贡献。"这发自肺腑的声音，充分表现了一位老科学家对党的忠诚。

回顾北航建校 30 多年的历史，北航从无到有，从小到大，今天已发展成为拥有 30 多个专业，一个研究生院，八个研究所，50 多个教研室，五个跨学科的研究中心和 60 多个教学、科研实验室的规模；拥有先进的科研手段和教学工具；还拥有 1900 多名高、中级配套的师资队伍和科研力量。今天的北航已成为全国培养航空航天人才和航空科研的重要基地。自建校以来，向国家输送了 25000 多名研究生和大学生。在他们中间，有的已担任航空航天工业部门的领导职务，有的在航空航天事业中取得了重大的科技成果，为祖国的富强作出了巨大的贡献。在培养人才的同时，北航也取得了许多重大的科研成果……

每当人们看到这日新月异发展着的校园，看到桃李遍及祖国大地的时候，不能不联想到老院长沈元为祖国航空事业的开拓和发展所花费的心血。

多年来，沈元教授身居北航，对北航最了解，最有感情。从开始筹建到培养师资队伍，从制订教学大纲到指导科学研究，从设置专业到确定办校方针无一不倾注着沈元的心血。他历来主张将北航办成开放型的，既能够面向世界，而且又能够切合实际地培养第一流航空、航天人才的基地；主张科研与教学要紧密结合，同步发展，互相促进，互相依存，主张加强对学生的基础理论教育和动手能力的训练。他十分注意观测和跟踪世界先进国家的教育动向并结合中国航空、航天事业发展的需要，调整专业结构；注意建设和改造科研条件和手段。沈教授常说："我们有责任创造一个良好的环境和条件，使众多的有志者迅速成长，后来居上。"

了解实情的人们都知道，北航毕业的学生不仅政治素质好，作风朴实，基础理论知识扎实，而且动手设计、画图的能力强。毕业后，能够很快地适应工作的环境和需要。这大概是与北航的办学方针，治学思想和众多的著名航空科学家和教育家的言传身教分不开的。如果说，沈元与众多的领导者和教职员工们一起创造了一个培育中国航空、航天工程师的摇篮，出色地培养了数以万计的航空、航天人才，那么，几十年前，沈元教授接受党的重托，从一个专家的岗位走向行政领导的岗位也就无憾了。沈元的理想、追求也就得以兑现。然而，沈元教授并不满足，他仍在追求，炽热地追求着。不仅追求祖国的科教事业，而且追求人生的真正价值和意义。他愿将自己的一切才智无私地奉献给祖国的科学事业。这种可贵的献身精神是多么值得人们称颂啊！

不懈的奋斗

1986 年 8 月 28 日是沈元教授的 70 寿辰。常言道，人生 70 古来稀。然而，沈教授并没有"古来稀"之感。相反，他却感到更年轻了。

我问沈元为何有这般感觉，他说："十一届三中全会以来，党的一系列方针、政策符合中国发展的实际。现在，国家有了一个良好的政治与生活环境，人们心情舒畅，祖国处处是催人向上的大好局面。因此，从我的心情来说，觉得反而年轻了。回首往昔，遗憾的是为祖国为人民所做的事情太少了。因此，寄希望于有生之年，为祖国的科学教育事业再努把力。"问到沈教授今后有什么打算时，他说："我现在已从一线的行政领导岗位上退下来了，但仍兼有许多职务。我认为，既挂职，就要尽到自己的责任和义务，多办实事。"谈到这里，沈教授拿出一张工作计划表，表中记录了他今后工作的计划。从中可以看出，他仍像往常一样，紧张地为祖国的航空事业和教育事业操劳、奔波。

沈元曾担任全国政协委员，中国科协全国委员会常委，中国科学院学部委员，国务院学位委员会委员，国家教委高等学校工科力学课程教学指导委员会主任委员，北航名誉院长，中国力学学会副理事长、中国航空学会顾问，《航空知识》杂志总编，中国空气动力学研究会名誉会长等职务。为了履行自己的职责，他扎扎实实地为国为民办了许多实事。

例如，政协六届四次会议上，沈元被大会推荐到闭幕式上作了题为《国家教育经费在国家预算中的比重还应当逐渐地增加》的发言，他在发言中，列举了大量的数字，系统地分析了近几年国家对教育事业经费的投入情况。他认为，尽管这几年总的教育经费有所增长，但就每年的增长比例来看，对照中央《关于教育体制改革的决定》中提出的要求还有一定的差距。发言中，他对今后 5 年国家教育经费的增长比例提出了合理的建议。

培育人才，一直是沈元愿意做并且也是擅长做的事情。他集中一些时间和精力，同有关方面的教师合作，共同培养了许多研究生，尽了作为一个教授应尽的责任和义务。

多年来，沈元十分重视国内航空学术和人才与国际间的交流和交往。他认为增进国际间的交往，有助于我国航空航天技术水平的提高和人才的迅速成长，也有助于扩大我国在国际上的影响。他曾多次出访美国、英国、日本、法国等国家，与这些国家的航空界、学术界进行了广泛的交往和接触，开拓了与国外交往的渠道。

像许多著名的科学家一样，沈元既注重高水平的学术探讨与研究，又注重科学技术的普及与推广。由他亲手创办的航空科普杂志《航空知识》，深受广大青少年的喜爱，启迪了许许多多青少年热爱航空事业并立志航空事业。另外，在沈教授的积极倡导下，由北航会同有关部门，在北京航空馆举办了规模空前的“航空航天飞行器实物及模型展览”，沈元教授亲自主持了展览会的开幕式。他在会上讲道：“举办航空、航天飞行器展览的意义在于向人们展示人类不屈不挠、前仆后继、征服太空的无穷力量；显示了航空航天科学技术的重大作用，通过展览必将激发人们勇于探索，勇于创新的进取精神。”

沈元的讲话，再次表明了他对青年一代的关心，对航空航天事业的关心，充分反映了这位老科学家对祖国的爱，对科学事业的爱；反映了这位老科学家在晚年后，依然保持着不懈的奋斗精神和崇高的事业心。

* * *

访问结束了，告别了沈元教授。在回家的途中，我仍在思索。这位老科学家给予了我们什么样的启示呢？我想，最大的启示就是，人生的意义在于追求，在于炽热地追求祖国的神圣事业，人生的意义又在于奉献，在于将自己的一切才智奉献给祖国的“四化”大业。

他像一架人梯，数十年如一日地屹立在教育阵地上，让后来者通过他去攀登科学的高峰；他像一支蜡烛，数十年如一日地默默燃烧着自己，却把他的光和热奉献给了年轻一代。他似乎是平凡的。但是，就在这平凡之中，我们却看到了一种不平凡的崇高的精神。

沈元的贡献

沈元，空气动力学家，航空工程学家，航空教育家。早年留学英国的博士论文，被赞誉为是一项创造性的成果，对当时航空科学在高亚音速领域的发展，起了推动作用。从20世纪40年代起，从事航空工程教育和行政管理工作。50年代以后，他全心全意地投入到新中国航空高等学府的建设中，跟踪科技发展，预见建设需要，开创新专业，建设新实验室，设立前沿学科的研究课题。他重视理论联系实际的教学原则，积极倡导同国际间的交流合作。为北京航空学院的创建和发展，作出了重要贡献。

中国的火箭巨人

——记我国火箭事业的开拓者之一梁守槃

刘敬智　陈恩才

自力更生，奋发图强

——梁守槃

梁守槃简介

梁守槃（1916—2009），福建省福州市人。1927年考入北京四存中学，后曾转学到天津南开中学、北京师大附中、上海沪江附中和上海光华附中，1933年考取清华大学机械系航空组，1937年毕业，获工学学士学位。1938年8月赴美国麻省理工学院攻读航空工程，用了不到一年的时间获硕士学位。1940年2月至1942年8月，在昆明西南联合大学航空系和机械系任讲师、副教授。梁守槃是中国第一任海防导弹武器系统的总设计师，被誉为“中国海防导弹之父”。

梁守槃（1916—2009）

“现在，在中国的社交场合中，流行着一种时髦的语言，动辄就是我们比人家落后二三十年。这似乎是一种谦虚，可是我却不敢苟同。

我不清楚这二三十年的量词是怎么算出来的？我总觉得，这样的语言就和当年我们妄自尊大一样，不过是由一个极端走向另一个极端，转为妄自菲薄罢了。

“具体的技术问题不必详谈，仅从现代武器来看，有一点我敢肯定，落后二三十年的武器是不能使用的。

“再举个例子吧！我们的地球同步卫星已经上天。1966 年，世界上还没有同步卫星呢！能说我们比人家落后 20 年吗？

“我赞成聂老总（聂荣臻元帅）的话：‘有人以为可以用钱买来个国防现代化，那是在做梦’……”

说这些话的是一位功勋卓著的专家。他两眼犀利，深邃又闪烁着智慧之光。别看他已经是古稀之年的人了，可那坚实而宽阔的肩膀，依然像一道屏障，魁伟而有力量。

他的话绝不是危言耸听，是生活在不停顿地给他启示，而他又在岁月的流逝中，更深刻地认识着生活。

留下来，迎接新的生活

1949 年的春天，解放战争已经进入尾声。百万雄师犹如暴风骤雨，呼啸着刮过了长江水面。

风雨飘摇的蒋家王朝在土崩瓦解，达官贵人在仓皇出逃。惊恐之中，他们并没有忘记要挟带一批人……

西子湖畔的浙江大学里也掀起了一股波澜。“跟我们走吧！到台湾去，那里有你们的荣华富贵，不然……”国民党特务又是威胁，又是引诱。

当时，只有 30 多岁的年轻教授梁守槃，对此只是付之以冷笑。去台湾，那还不容易！可是，去台湾干什么呢？

1937 年，当日本法西斯把战火烧到祖国大地的时候，他，一个热血青年，毅然放弃学业，投笔从戎，当了作战飞机的机械师。

1938 年，他自费去美国麻省理工学院攻读航空专业。一年后考取了工学硕士学位。毕业时，他成绩优秀，本可以留在美国深造，但是他决然返回；回到战火纷飞的祖国。

开始，他在昆明西南联大教书。后来，国民党空军办了个航空发动机工厂。他想把自己的绵薄力量贡献给抗战事业，便辞去副教授的职务，来到这个工厂。

然而，几年过去了，国民党的腐败、卖国、假抗战真反共，深深地刺痛了他那颗年轻的心。所以，1945 年日本投降后，他立即辞去工厂的职务，来到浙江大学，理由是：抗战结束了，我不需要再留在空军。

国民党是没有希望的，这就是他在内心深处的结论。

那时候，浙江大学的教授们也展开了一场讨论。苏步青教授说："当年国民党北伐时，我们并未跟军阀孙传芳走；现在共产党来了，我们有什么必要非得跟国民党走呢?"

对，苏教授说得对！他说出了浙江大学教职员的共同心声，也道出了年轻教授梁守槃想说的话。

留下来，留在这片熟悉的土地上，迎接共产党，迎接新的生活！

如错了，就接受处分

中国解放了。百孔千疮的祖国百废待兴。

1952 年，梁守槃被调往东北，在哈尔滨军事工程学院从事培养人才的教学工作。在那里，他领导建成了整套的航空发动机试验室。

1956 年，他被调入北京，参加航天部的前身老五院的筹建工作。那时可真是一无所有。只有 156 位从各大学分配来的毕业生。10 月 8 日，聂总亲临五院，宣布院的成立。训练班的工作也在这一天开始。梁守槃兼任教员和训练班主任。

当时客观的历史情况是，各大学的火箭专业还在初创时期，没有大学毕业生。全体技术人员，包括老专家和新毕业的学生，没有一个是学火箭专业的。

"这样的一群人，这样的条件，还想自己搞火箭，等外国专家来了再说吧！”有人这样议论。于是一些人躲到角落里去看书，或者……

“能争取的外援一定要争取。但是，如果外国专家当真不来怎么办？我们就不搞了？只要下定决心，天底下就没有外国人能干而中国人干不成的事情。那些拥有火箭的国家当初不也是从零开始的吗。”

就在外国专家来与不来举棋不定的情况下，梁守槃和其他老专家一起，带领着 100 多位年轻的大学毕业生，开始了我国第一个火箭试验室的筹建工作。

梁守槃本是研究飞机的，外国的导弹也大部分是由航空专业的人搞的。怕什么，摸索着干吧！他运用已掌握的航空知识，参照有关火箭发动机的理论，组织设计了我国第一个火箭发动机的试车台。

在试车台建设过程中，风凉话也跟着刮来，什么不能用，白花钱，应作为历史的教训啦，等等。梁守槃听了只当是耳边风，一吹而过，因为他建这个台子是经过深思熟虑的，他相信自己的能力，就如同相信自己的手是长在自己的胳膊上一样。历史也恰恰证明了这一点，东风二号火箭发动机的试车，就是在这个台子上完成的。

也许是中国人的决心起了作用！早已签定合同而迟迟未到的两枚 P-2 近程弹道式导弹终于在 1957 年底运来了。接着，1958 年初，一个外国专家组也踏上了中国的国土。但两年之后，当建设初具规模的时候，外国专家却突然撤走了，妄图使我国的火箭事业停顿下来。

对这个问题，梁守槃是早有思想准备的，“中国的事情决不能任凭别人摆布！”在他被任命为中国第一位导弹总设计师之后，就着手进行了我国自己的东风一号导弹的仿制工作。在仿制中，他遵照上级的指示：“要吃透原有设计。”那就是说，不但要按照进口资料，做出合格产品，还要通过理论计算与实际设计的印证，摸清其所以然，为尔后的自行设计打下基础。

这当然是一种精心考虑的策略，因为这是取得实际经验，获得独立设计能力的最佳捷径。一贯注意理论联系实际，而又洞察到工作中蛛丝马迹的梁守槃，当然要充分利用这一个宝贵的条件。

在设计时，他发现P-2导弹的气动外形是静稳定的，因而尾翼很大。但新的控制理论，则认为静稳定是不必要的。他通过计算，并征得了外国专家的支持，决定在今后设计中打破“必需静稳定”的清规戒律，为以后的自行设计铺平道路。

那真是个畸形的年代，既要讲友谊，又要斗智，名曰帮助你，又要控制你，而我们又要反控制。当然，大多数专家是善良的、友好的，所以梁守槃和他的同事们一直虚心地向他们求教。然而，专家的大脑里似乎有一个封条，一个被禁锢的特定区域。每当求教到关节上，他们又往往是欲言又止，表现出进退两难的神态。

是呵，猫教老虎还要留一手，何况……

不过，控制也好，反控制也好，在这个圈子里说话，唯一站得住脚的就是科学根据。因此，归根结蒂，这场控制与反控制的搏斗，是一次学识水平的较量。

“弹上的环形气瓶，要用进口的冷轧钢。这是资料所规定的。”专家们坚持说，那神情似乎没有变更的余地。

不错，那时的中国还没有冷轧钢。这就是说，如果外国拒绝供应这种冷轧钢，中国就休想用国产材料制造自己的导弹，设计出来也只能是纸上谈兵。

这怎么行？要想不受制于人，必须从中国已有的热轧钢上寻找出路。

那是个有最后决定权的专家组，要想使他们接受热轧钢的方案，必须找出具有说服力的根据。

梁守槃搬来了引进的全部设计图纸，细心地翻阅起来。他要想办法从这里找出点可以使用热轧钢的根据。

他是精明的，这个根据竟真的被他从进口设计图纸中挖了出来。

不错，整个设计中都注明环形气瓶要用冷轧钢。但是在工艺程序中还有这样一句话：冷轧钢要经过一道回火工序做成环形气瓶。既然回火，就是要加高温，使冷轧变成热轧。漏洞正是在这里被梁守槃抓住了。因为经过回火工序的冷轧钢已经不再是冷轧钢，而成了热轧钢。

根据找到了，那些强调冷轧钢的专家们被问得张口结舌，无言以对。他们只好说："我们到中国来，就是帮助你们按照我国提供的图纸做出产品。否则，出了问题不好负责。"

1960年初，为了考核靶场设备的质量，通过实际操作练兵，上级决定用引进的P-2导弹进行靶试。这时候，外国专家又坚持说，必须用他们国家的液体推进剂，中国的不纯，含可燃性物质太多，使用中国的液体推进剂有爆炸的危险！多么耸人听闻的根据，这就是说，中国按要求建起的液体推进剂厂成了废物。

看来，这并不是什么无私的援助，没有自己的推进剂，还谈什么发展火箭！他愤怒了，拍案而起了。

"我们的产品经过化验，完全达到资料上规定的标准，为什么不能用？"

这几句话可不寻常。它像一枚突然爆炸的炸弹，打乱了似乎已经形成的宁静。

"应当尊重专家意见，否则出了问题不好负责。"好心的人劝告他。

"引进的资料也是专家意见，而且是更多专家意见的结晶。从理论分析，这不可能出问题。如果我错了，可以接受处分！"

梁守槃的回答，使人们惊呆了。至于外国专家呢，他们默不表态。然而对那宽阔前额里的智慧和才能，使他们感到恐惧和不安。

强者的回声

那是个雨后初晴的夜晚。在北京郊区一条荒凉的水泥路面上，片片积水在星星的照耀下闪着粼粼亮光。蓬蓬的杂草上，点点露珠在微风中滴落。昏暗中，一个身影在行走徘徊。大概是时间太久了吧，那一双老式皮鞋和一身标准的工作服裤腿脚，已是湿漉漉的。

每当遇到关键的难题，梁守槃就喜欢找这样一个幽静的环境独自思考。

有关国产液体推进剂的生产和质量情况，他已经做了详尽的了解和理论上的计算。根据他的计算，中国生产的液体推进剂完全符合使用要求。那么，为什么专家组的结论竟与事实相距得那么遥远……难道是我计算有误，是我出于主观愿望……不，他摇摇头。我的每一步计算都是经过严格推敲的……为什么两个结论的数据竟如此悬殊呢？他苦苦思索着。

一个星期之后，矛盾的症结终于找到了。原来，专家们在计算时将分析数据中某一物质的气态容积含量，误解为液态容积含量，于是，杂质在液体燃料中占有的百分比，就比实际占有的数值高出了 1000 倍。这样计算出来的液体推进剂当然不能使用。

使人尤为气恼的是，这样的错误竟然出现在外国专家的手中，真不知该怎样解释才好。

当梁守槃坚持用国产推进剂时，他可是准备着迎接一番更多的争论的。然而，现在看来，问题要简单得多了，所需要的只是想个妥善的办法，让专家们保全面子，修正自己的结论。后来连这点也不需要了。1960 年 8 月，专家组撤走了。

走就走吧！我们自己干兴许还会闯出一条新路。

1960 年 9 月 10 日，就在外国专家撤走后的第 20 天，在我们自己的国土上，用国产的液体推进剂，成功地发射了那枚进口的 P-2 弹道导弹，胜利地写下了我国导弹发展史上的第一页。

然而，这仅仅是开始。梁守槃心里清楚，要想真正发展火箭事业，不能总跟在别人后面爬行。在专家撤离前夕，中国的科学家们提出了使用一种新型高能推进剂的方案。

“这种东西不能用，我们早就试过。它性能好，但有剧毒，而且是积累性的。”外国专家答复说。

“毒品能不能用，应当由它的毒性和有无对症的解毒药品来决定。我们应当重视专家意见，但总不能让别人的看法像绳索一样把我们的手脚捆住。行与不行应当在深入分析试验后，由我们自己拿主意。”梁守槃说。

梁守槃心里清楚，要想真正发展火箭事业，不能总跟在别人后面爬行。在专家撤离前夕，中国的科学家们提出了使用一种新型高能推进剂的方案……不久，我国自行研制的，装有新型推进剂的第一枚弹道导弹腾空而起。聂老总观看了发射之后，兴奋地向在场的专家们说，很好！感谢你们为祖国争了气。

为了回答可行性的问题，他与军事医学科学院的专家们一起，投入了对新燃料毒性机理的试验。经过一年多的合作努力，这个高性能和有剧毒的矛盾，被梁守槃和军事医学科学院的医学专家们解决了。

新的推进剂是一种耐贮存、推力大的液体推进剂。它的研制成功，为导弹的实用化和远程运载火箭的发展提供了前提。

不久，我国自行研制的，装有新型推进剂的第一枚弹道导弹腾空而起。聂老总观看了发射之后，兴奋地向在场的专家们说，很好！感谢你们为祖国争了气。

更可喜的是，这种推进剂与煤油混合，可代替用 20 千克粮食才能提炼 1 千克的 ΓΓ–02 燃料。这个意义是十分重大的，它为用石化产品代替粮食产品提供了一个很好的范例。

真理在科学试验中证实

由于这种新型高能推进剂和一系列技术难点的攻克，我国开始了自行研制大型中、远程运载火箭的进程。毫无疑问，在中国的土地上刚刚成长的一代火箭专家面前，必将出现一个从未遇到的新课题：直径。火箭的直径需要多大呢？

当时担任火箭总体部主任的梁守槃和总体室主任孙家栋经过讨论和论证认为，火箭直径在 2.2 ~ 2.4 米之间为好。

别小看了这个直径问题，它的大小决定着整个运载火箭内部的布局。有人提出了反对意见。

“我们在国外学习时，教授们说，弹径最大只能 1.8 米，把直径搞到 2.4 米，即使打出去也是国际笑话。”

“是呵！如果打不成，人家当然要笑话我们，如果成功了，怎么会成为笑话！”梁守槃反驳说。

“我们的事业不能建立在如果的基础上……”

争论在继续。

不久，梁守槃被调离火箭总体部。当然，这场争论也就因此而告一段落。于是，有关人员又把弹径定为 1.8 米。

梁守槃认准了的事情是绝不会更改的。在他的大脑皮层中，没有那种见风使舵，看眼色行事的细胞。

那年冬天，老五院召开型号方案审查大会。尽管 1.8 米的直径早就木已成舟，尽管那时他已处于绝对少数，可他还是毫不犹豫地站起来，又一次陈述自己的观点："弹径 1.8 米不行，太细、太长、太软，一振动，驾驶仪的参数就要乱，导弹就会失控，还是 2.4 米合适。"他的大声疾呼不仅不被接受，反而有人说"不敢采用小直径是惧怕新生事物！"

1962 年 3 月，直径 1.8 米的东风二号发射失败了。究其原因，一是发动机烧穿起火；二是弹体的低频率振动和驾驶仪产生谐振，与梁守槃的预言一样，参数混乱，导弹失控。为了挽回损失，在梁守槃的建议下，对东风二号的第二发试验弹，进行了发动机的地面全程试车，又对减轻谐振采取了有力措施。1964 年 6 月 29 日 7 时，东风二号在经过两年多的曲折之后，终于身披"独立自主，自力更生"的巨幅标语，腾空而起，准确地飞向预定的目标。

真理终于在科学试验中证实了。鉴于东风二号的教训，东风三号的直径也立即改为 2.4 米，成了最后的定型尺寸。

科学是永无止境的。梁守槃在事业上的追求，也是永无满足的。为了提高火箭的射程和速度，这位中国第一代火箭发动机专家，开始向新的领域进击了。

"两个发动机的离心泵不能并联，否则可能因互相干扰而损坏。"这是外国专家们的话，而且似乎也是一些人公认的定论。

经验是应该尊重的，但它又是有条件的。谁要是在以往的定论面前唯唯诺诺，他在科学上就难以有所进展。科学的发展往往意味着对那些定论的突破。在火箭发动机问题上也是如此。能不能找到一种新的办法，使并联后的离心泵不互相干扰呢？

通过对已有的离心泵性能曲线的深入分析，这个办法终于被梁守槃找到了。

一天下午，他按照自己的设想，组织有关人员，在试车台上把两台离心泵并联起来，而且，为了说明问题，他又在试验前有意造成两个泵流量和压力不平衡的条件。

试验开始了。各种仪表和指针也随之摆动起来。人们惊讶地发现，随着离心泵旋转的加速，两个离心泵开始的不平衡状态不仅没有扩大，反而在减少，并且很快自动达到了平衡。此时的两台离心泵，完全变成了一个和谐的整体。这是火箭发动机技术上的一个重大突破。只要懂得加减法的人都清楚，把两个发动机并联，就等于增加了一倍推力，并联在一起的四个发动机自然就四倍于一个发动机的推力。

迈过并联这个门槛，梁守槃又开始向发动机自身的世界挺进了。他开始了一种比冲高，重量轻，结构简单、飞行速度快的冲压发动机的研制。

这是一个难度更大的课题，因而反对的声浪也就更加强烈。什么好高骛远啦，不切实际啦，中国没条件搞啦，等等……

于是，新型发动机就像个不该出世的婴儿，几经摧残，几乎被扼杀在襁褓之中。只因这位意志坚强的专家的努力，才使它免遭夭折的厄运。当时身为分院副院长的梁守槃，一直是亲自组织新型发动机的研制试验方案的，常常为分析试验数据，处理各种技术关键而彻夜不眠。

如今，这种发动机早已在我国诞生，并形成了几种可供实用的型号。

现在，研制这种类型的发动机，在一些先进的国家已经成了热门。

让别人去研制吧。我们需要的是完善型号系统。看来，中国人并不生就落后，你看，这不就赶上来啦！

中国飞鱼之波

1984 年 10 月 1 日，在庆祝国庆 35 周年的游行队伍里，第一次出现了中国的火箭方队，其中一枚细长而灵巧的火箭，引起了外国参观团的轰动，在国际上也掀起一场轩然大波。

“中国拥有飞鱼式导弹”，“中国的导弹虽然比法国飞鱼多了两个小翅膀，但基本上仍然是飞鱼”，“没听说中国从法国引进飞鱼……不过中国要是想买，他们会有很多途径和办法的……”外国报刊在这样议论着、揣测着。

据说，法国的有关部门还为追查飞鱼导弹的泄密问题花了一番力气，结论却是“中国的飞鱼与法国的飞鱼毫无关系，那是中国人自己的创造”。

一枚小小的导弹竟引来这么大的风波，我想不用解释大家也知道，那是因为，在阿根廷与英国的马岛战争中，被誉为20世纪骄傲的英国军舰“谢菲尔德”号沉入了海底，而击沉它的就是法国卖给阿根廷的飞鱼式导弹。所以马岛战争使飞鱼式导弹身价倍增。

去年，在巴黎航展和新加坡展览会上，中国展示了自己的武器。新加坡人对法国人说：“中国也有了飞鱼。”法国人听了很不安，为了推销自己的飞鱼，他们甚至说，“中国人国庆节拉出来的不过是个空壳子……”

对于国际上的种种议论，梁守槃是冷静的，不屑一顾的。不过对于这种“空壳子”之说，他却不能沉默了。

“我们的导弹不叫飞鱼，中国飞鱼是外国人叫的。这不过是一枚普通的飞航式导弹。在中国也不是最先进的，它是一种紧贴着海面飞行的武器。据我所知，它击沉的靶舰的窟窿有一半是在水下。所以把它说成空壳子，未免太不公道了。”

梁守槃怎么又研制起“中国飞鱼”来了？要说清楚这个问题，得追溯到1965年。

随着三年暂时困难的过去，似乎有些停顿的火箭研制工作又开始启动了。到1965年，中央决定成立飞航式导弹研究院。

什么叫飞航式？说白了，就是不按弹道飞行的有似于飞机的导弹。这是一类实用性很强的战术导弹。梁守槃被任命为这个院主管技术工作的副院长。

他本来就是搞飞机出身的，所以从研制弹道式导弹转到飞航式导弹，并不感到生疏。这也许就是上级选中他的原因吧！

从此，我国的飞航式导弹，在他的决策、主持和指挥下，走出了一条中国人自己的道路，目前正在向多系列、多用途、高精度的方向发展。

我们的导弹不叫飞鱼，中国飞鱼是外国人叫的。这不过是一枚普通的飞航式导弹。在中国也不是最先进的，它是一种紧贴着海面飞行的武器。据我所知，它击沉的靶舰的窟窿有一半是在水下。

从荒野中开出的路

这绝不是一条上帝赐给的平坦的路，而是从荆棘丛生的荒野中开出的一条路。

1965 年，为了研究岸舰导弹的发展问题，召开了“七三一”会议。当时，有人认为“羽毛未丰”，作为练兵，应当再仿制“五四二”。梁守槃则提出，可以在“上游一号”的基础上，挖掘潜力，自行设计。上级同意了梁守槃的方案。怎样挖掘潜力呢？科学可不是儿戏，梁守槃苦思着，最后，他决定将弹道导弹上的一项技术，改造后移植到飞航导弹上，这样做可以一举两得，既减轻了结构重量，又增加了推进剂的装载量，可以加大导弹的射程。

当时有人摇头说：“没有经验，三五年内做不出来，用不上。”

但结果呢？只用四个月就做出了试验件。此外，梁守槃又配以另外两项重大的技术措施，最后，使这种导弹在重量增加不到 1/2 的情况下，有效射程却增加了两倍。

事实胜于雄辩，一条自行设计，自行研制飞航式导弹的路就这样展开了。1967 年 9 月，三院设计的飞航导弹首战告捷。10 月下旬，聂总亲临靶场，向梁守槃询问了有关情况，并视察了第二发导弹的发射。这发导弹也取得了成功。

1987 年 9 月，一架银色客机缓缓降落在祖国南方某机场。梁守槃从打开的机舱门匆匆走出来。他来不及环顾周围的景色，便跨进一辆早已等候在那里的深黑色小卧车，向着一个秘密的海滨试验场急驰而去。梁守槃是遵照国防科委的紧急指示，从北京赶到这里来的。

三机部三二〇厂研制的一种导弹，连续三次靶试都出现故障，然而，无论是设计人员，还是现场操作人员，都找不出发生故障的原因，于是只好上报国防科工委……

梁守槃奉命赶到这里，参加寻找故障原因的工作。

人们看到，他一边翻看图纸，询问导弹的重量和弹性等数据，一边把注意力盯在发射架的尺寸上。回到宿舍，他埋头在书桌上，进行了一系列的计算。他在计算什么？谁也不清楚。人们只是用疑惑的目光望着这位一声不吭，埋头计算的老专家。10 天过去了，梁守槃结束了计算，在基地的会议室里提出分析结果：“将发射架导轨截去 1.2 米，并将导流槽末端零点：4 米长的底板向下弯 40° ，就可以排除已出现的故障。”什么？办法竟这么简单，直观上也说不通呵！人们心里嘀咕着，然而对他在黑板上提出的计算，又没有人提出不同看法。人们照他说的去做了，原有的故障消失了，事后梁守槃又对弹的序数提出一些较小的调整，发射就完全成功了。

真是有点神奇！人们围住梁守槃请他从物理意义上讲一讲。

原来，导弹在发射架上靠两个滑块接触，当前滑块脱离导轨时，发射架的导向梁因受力减小而回弹。这时导弹头部上升，弹尾各点具有相当大的向下加速度。而当第二个滑块脱离后，由于助推器的推力，使导弹各部分的加速度突然变为向上。这种加速度的突变，使弹上雷达在弹内激烈跳动，撞在壳体上，引起雷达损坏。按梁守槃的办法处理之后，助推器的喷流在导向梁回弹时，将发生抑制作用，减小了导弹尾段各点的向下加速度，从而减少了震动，保护了雷达……

梁守槃的出色才智，赢得了工人和科技人员的钦佩。那正是“文革”的高潮时期，梁守槃也被造反派指为“反动学术权威”。这可气坏了三二〇厂的同志们，他们对三院的同志说：“这位‘反动学术权威’你们不要，我们要。我们真需要这样的权威呀！”

时光荏苒。在梁守槃进入古稀之年再回首往事，在几十年的拼搏和奋进中，在坎坷曲折的道路上，闪烁着一条中华民族刚劲不阿的金链。使梁守槃聊以自慰的是，在这金链的每一个关键环节上，都留有他的心血和汗迹……

他并没有就此歇脚，作为一位功勋卓著的科学家，他的生活中根本就没有休息的概念。

那是一种新的导弹，一种在世界上或许还是刚刚出现的导弹，它

梁守槃的出色才智，赢得了工人和科技人员的钦佩。

将带着中国人民的志气、自豪和骄傲，带着梁守槃晚年的智慧和心愿又一次冲向蓝天……

* * *

梁守槃作为一名老专家，难能可贵的是他从不隐瞒自己的观点，也决不去迎合某一观点，更不哗众取宠，称得上“实事求是、坚持真理、修正错误”的楷模。他的另一个特点就是从不推诿，属于自己范围内的工作，一定提出明确的意见，敢于决策、善于决策。虽已耄耋之年，仍孜孜以求地奋战在航天工业总公司高级技术顾问的岗位上，关心着航天科技工业的发展，为其兴旺发达而尽职尽责、献计献策。

梁守槃的贡献

国际宇航科学院(IAA)院士,导弹总体和发动机技术专家,中国导弹与航天技术的重要开拓者之一。早年从事航空工程教育。20世纪50年代起从事导弹研制工作,在发动机技术和导弹总体技术上尤有建树。领导研制成功多种海防导弹,其中一种导弹武器系统被评为国家级科技进步奖特等奖,他是主要完成人之一。1994年获求是科技基金会杰出科学家奖。被称之为“海防导弹之父”。